AIRE
24

V

MÉTHODE
DE COIFFURE.

PARIS. — IMPRIMERIE ET FONDERIE DE FAIN,
RUE RACINE, N°. 4, PLACE DE L'ODÉON.

MÉTHODE

DE COIFFURE,

PAR CROISAT,

PROFESSEUR.

COIFFEUR DU JOURNAL DES MODES,

LE PETIT COURRIER DES DAMES,

BREVETÉ DU GOUVENERMENT

ET

DE S. A. R. ANNA DE JÉSUS MARIA,

Infante de Portugal.

Paris.

CHEZ L'AUTEUR, RUE DE L'ODÉON, No. 33.

1832.

AVERTISSEMENT.

De tous les arts, le nôtre est, selon moi, le plus difficile. Si cette opinion paraît erronée, qu'on se rappelle que les coiffeurs ont marché jusqu'ici sans règles et sans guide; éclairé par l'expérience, j'essaie de les faire sortir du labyrinthe où ils ont dû nécessairement s'égarer. Je présente une méthode, je pose des principes, fruits d'une longue observation dans le monde et dans les musées. Je fais connaître au premier coup d'œil ce qui convient à l'âge, à la corpulence et à l'expression de la physionomie. Quant au style de ce livre, le lecteur pardonnera, sans doute, des négligences, des répétitions; je ne suis point un homme de lettres, et je prends la plume pour la première fois. Un écrivain aurait pu me tirer d'embarras ; mais en donnant de la couleur à mes expressions, il eût peut-être mutilé ma pensée, et c'est ce que j'ai voulu éviter. Mon but est d'être utile aux élèves : cela seul me décide à publier cet ouvrage.

MÉTHODE

DE COIFFURE.

HISTORIQUE DE LA COIFFURE.

Chaque peuple a donné à la coiffure la forme la plus analogue à son caractère de physionomie, et l'a composée de mille objets divers. Elle a dû varier selon les temps et les lieux, et s'harmoniser avec le costume, qui change aussi selon les climats. On pourra s'en convaincre aisément, lorsque je parlerai de la coiffure antique, et de celles de diverses nations.

Les femmes, chez les anciens, s'attachaient, avec un grand soin, à cette partie de leur toilette. Les Israélites, malgré la simplicité de leurs mœurs, passaient beaucoup de temps à arranger leurs cheveux. La coiffure est et fut toujours riche et gracieuse en Turquie : tantôt elle est formée de tissus de soie et de tresses flottantes ; tantôt c'est un turban orné de perles, ou bien une coiffure haute et pointue, ornée de pierreries. Mais, quelle que soit sa forme, les femmes la couvrent toujours d'une écharpe dont les bouts retombent de chaque côté de la tête. En été elles portent quelquefois cette écharpe sur l'épaule, à la chevalière, ce qui ajoute encore au charme de leur parure.

Les femmes de la Turquie d'Asie ont une mise toute différente : elles sont ordinairement enveloppées d'un large capuchon qui les cachent de la tête aux pieds, et ne laisse apercevoir que le haut du visage. Les habitantes de l'île de Chio ont une mise charmante, elles se coiffent généralement avec des fichus qu'elles posent comme les paysannes des Basses-Pyrénées ; elles en forment aussi une coiffure haute, ornée de rubans. Un signe distinctif de cette coiffure, c'est un double nœud formé sur le milieu du front. Les Persanes portent les cheveux frisés en boucles flottantes, tombant sur le derrière du cou, et le dessus des épaules : leurs masses de cheveux onduleuses sont pressées à leur racine par un ample turban fait, pour la plupart du temps, avec un cachemire. L'ornement le plus en usage chez les femmes est une aigrette ; celles qui veulent donner de la grâce à leur coiffure disposent ordinairement l'étoffe pour que les coins du schal retombent sur un des côtés, ce qui accompagne fort bien une figure longue et fait disparaître la sévérité du turban, sans en diminuer la beauté. Tout le monde sait quelle recherche les femmes grecques mettaient à leur coiffure, et certes il n'y a pas d'ornemens ni de parfums, en usage chez nos petites maîtresses, qui n'aient été employés par les élégantes d'Athènes et de Corinthe. Les Romaines ne cédaient à aucune nation pour la recherche des ornemens, et pour la manière de tresser et de friser leurs cheveux. Quant à la variété qu'elles donnaient à leurs modes, les musées nous en disent assez pour que nous soyons convaincus que les femmes savaient unir la grâce à la simplicité. Ainsi, la coiffure a fait comme les sciences, elle s'est perfectionnée à mesure que le monde s'est civilisé ; et ce n'a été que par suite de grandes catastrophes que, dans certains pays, les femmes se sont vues tout à coup privées de leur chevelure : il a fallu que des barbares allassent soumettre la Grèce au joug du sultan, pour que les arts, et tous les signes distinctifs qui caractérisaient une nation aussi intéressante, retombassent dans l'abrutissement le plus complet.

Après cinq cents ans de brillant esclavage, la Gaule échappa au joug de Rome, et devint la proie des hommes du Nord. Ils apportèrent à la nation leurs vertus sauvages, et un nom que tous les genres de gloire devaient rendre célèbre. La France s'éleva rapidement et s'assit sur les débris de l'empire. Mais revenons à mon sujet. Chez les Francs, les nobles portaient les cheveux longs et retombant sur leurs épaules ; le reste de la nation les portait courts sur le devant et relevait le reste sur le sommet de la tête en forme de panache. Sous la première race, les femmes portaient leurs cheveux séparés sur le front, légèrement bouclés sur les tempes, et ceux de derrière flottaient en tresses. Cette mode fut adoptée par la terrible Frédégonde, et Gertrude, femme de Clotaire II ; Odélie, fille d'un prince allemand, laisse voir sous son voile une longue chevelure tordue comme une corde à puits. Cette manière de porter les cheveux flottans dura jusqu'à ce que Richilde, femme de Charles le Chauve, eut la fantaisie de les relever et de les cacher sous une toque.

Richarde, femme de Charles le Gros, imagina d'en tresser la moitié inférieure, et de les relever ensuite de chaque côté des joues. Cette innovation caractérisa la coiffure du neuvième siècle, dont la mode dura long-temps, et fut remplacée par les bourrelets sous lesquels on cachait tous les cheveux. Quelquefois les princes de l'Église ordonnèrent de cacher la chevelure, et ce ne fut que pour obéir aux évêques que Charles VII fit couper sa barbe et ses cheveux.

Au douzième siècle, Blanche de Castille rétablit la mode de porter des cheveux sur les tempes, et le voile surmonté d'une couronne.

Jeanne, comtesse de Toulouse, fit quelques jolies innovations, mais elles ne durèrent pas long-temps, et le voile cacha bientôt la chevelure. Vers la fin du treizième siècle, on tressait les cheveux, et on en formait une espèce de *grecque* par derrière ; mais les oreilles étaient cachées par des tresses, et cela rendait cette mode un peu lourde.

Au commencement du quatorzième siècle, Clémence Isaure apporta de la grâce dans le costume des femmes ; et, malgré les malheurs qui désolaient la France à cette époque, Isabeau de Bavière inventa des modes extravagantes. A son exemple, on vit des femmes cacher tous leurs cheveux et se découvrir le sein, et même les épaules. Ce fut elle qui établit la mode des coiffes, qu'on appellait *cornues*, mode horrible et bizarre, dont on peut se faire une idée en voyant les bonnets du pays de Caux.

Anne de Bretagne attira les femmes à la cour; elle ramena l'usage de montrer les cheveux, et la manière dont les dames les portent aujourd'hui est une imitation de celle de ce temps. Dans cette mode, qui est celle connue plus particulièrement sous le nom *de la belle Féronnière*, il y a une certaine recherche, malgré la simplicité qui règne dans l'arrangement des cheveux de devant; et la ganse qui passe par-dessus le front, ornée d'une petite plaque, était pour l'époque une heureuse découverte. Catherine de Médicis vint tout changer, et elle imprima à la toilette des femmes la laideur de son caractère: les cheveux et la taille étreinte, le ridicule et la raideur prirent la place de l'élégance qui commençait à distinguer les toilettes françaises. Ce n'est pas que les femmes ne fissent de grands frais pour se parer, car elles étaient chargées de colliers et de médaillons; et même, dans le courant du règne d'Henri III, les dames de la cour portaient des fleurs et des plumes dans leurs cheveux. Anne d'Autriche vint occuper le trône de France, et la toilette des femmes y gagna, car alors les cheveux furent frisés en touffes et en boucles flottantes. Mademoiselle de Guébriant, dont chacun peut voir le portrait, était coiffée presqu'aussi bien que madame de Grignan, le règne suivant; et on peut attribuer à la mode apportée par Anne d'Autriche, les coiffures célèbres par leur grâce et leur naturel, qui ont fait les délices des Sévigné, des La Vallière, et en un mot de la cour de Louis XIV.

Ce genre de coiffure reçut un grand développement, car Montgolbert coiffait indistinctement avec toutes sortes de bijoux; la Martin, coiffeuse célèbre, avait la réputation de bien poser les fleurs. Louis XV monta sur le trône, et la mode changea sous ce roi qui chérissait tant les belles; le sexe perdit une partie de ses charmes, et cela par l'introduction en France de la poudre, usage très-ancien, mais qui n'avait lieu chez les Orientaux que comme signe de deuil. Grâce à la poudre, on ne voyait dans les salons que des têtes blanches, et pour rendre cette mode encore plus monotone, toutes les femmes se faisaient coiffer de même, ce qui produisait une ennuyeuse uniformité : je ne conçois pas comment le coiffeur Lefebvre, qui avait du goût, laissa introduire un usage aussi ridicule. Pour donner une idée des inconvéniens de cette mode, je vais faire la description du costume de coiffeur de femmes, en 1778. Veste rouge un peu poudrée, culotte noire et bas gris, un tablier. Qu'on ne se figure pas que j'exagère en rien, car c'était là l'habillement des coiffeurs de la cour; les autres n'étaient pas abordables, et, de peur d'attraper des taches, on évitait toujours ces messieurs avec un soin extrême. Sous le règne de cette mode, de sale mémoire, on était obligé de monter sur des tabourets pour atteindre le sommet de la coiffure : ce fut ainsi que l'on fit celles appellées le *Parterre galant* ou la *Gabrielle de Vergy*, le *Bonnet à la reine* ou la *Frégate à la Junon*[1]: il était impossible d'en venir à bout à moins d'être perché sur un marche-pied.

En 1785, les coiffures étaient moins hautes et moins bizarres, mais on poudrait toujours avec fureur. Le *Colimaçon d'amour* et *le Bonnet à la Marlborough* remplacèrent la *Monte-au-ciel*, genre horrible et contre lequel j'aurais certainement conspiré si j'avais existé à l'époque des Lesprit, des Léonard, des Bizard, et autres coiffeurs de ce temps.

[1] Coiffure sur laquelle on posait un petit vaisseau armé.

Léonard, coiffeur de Marie-Antoinette, était spirituel, adroit, et ne manquait pas d'un certain tac, que les anciens appelaient le *fion*. Mais je ne trouve pas qu'il ait jamais employé ses moyens, ni cherché à tirer parti de l'empire qu'il avait sur les dames pour leur faire adopter des modes qui fissent ressortir leurs attraits; ce n'est pas en faisant des tours de force, en bâtissant des châteaux énormes sur la tête, qu'on parvient à ce dernier degré de l'art; c'est en cherchant à proportionner la coiffure avec la corpulence d'une femme, et en consultant la forme et la coupe de son visage. Mais les anciens ne connaissaient point de règles, ils mettaient toute leur attention à faire du *difficile*: aussi ne suis-je point étonné que Léonard ait cru faire une merveille en coiffant un jour une grande dame avec la culotte de velours de son mari. Si, au lieu de s'appliquer à des détails qui ne signifient jamais grand' chose, on s'était occupé davantage du fond, les coiffeurs se seraient aperçus que ce placardage de pommade et de poudre, au lieu de seconder leurs efforts pour embellir, était un obstacle invincible; ce n'est pas non plus un échafaudage de crêpure, ni des boucles et des chignons flottans, qui peuvent faire valoir le teint lorsqu'une couche épaisse de farine d'amidon en ternit tout l'éclat.

La nature ayant eu le soin de donner à chacun des cheveux analogues à son teint, c'est par leur couleur seulement qu'on peut voiler agréablement le cou d'une femme. Qu'on ne soit donc pas surpris de ne plus voir un seul portrait de famille orner les salons, c'est à cette vilaine mode qu'on en doit la disparition. La révolution de 1789 abolit, avec les vieilles institutions, tous les usages gothiques de la toilette; une coiffure plus simple, plus naturelle et surtout beaucoup plus propre, fut un des premiers avantages que les dames durent à la conquête de la liberté. Les coiffures antiques prirent la place des bonnets à la *Pompadour*, et les cheveux, rendus à leur couleur naturelle, prirent un aspect plus gracieux. Alors beaucoup de dames avides de nouveautés, sous prétexte de suivre le cours des événemens, se mirent à la *Titus*; et ce ne fut que lorsqu'elles s'aperçurent qu'elles avaient sacrifié au simple caprice de la mode une partie de leurs attraits, qu'elles se décidèrent à reprendre les coiffures à la grecque; mais alors il fallut avoir recours à des cheveux artificiels, et inventer de nouvelles perruques. C'est à cette circonstance qu'on doit l'invention des *cache-folies*, nom qu'on donne aux perruques à longs cheveux, et que toutes les femmes portaient pour qu'on ne s'aperçût pas de la folie qu'elles avaient faite en coupant leur chevelure. La pompe et l'éclat de la cour de Napoléon ranimèrent le zèle un peu ralenti des coiffeurs, et tous ceux qui se piquaient de travailler pour la bonne société étaient obligés d'aller au Musée et à la Bibliothèque pour étudier les modes. Les plus habiles établirent des écoles où les garçons et beaucoup de jeunes maîtres allaient prendre des leçons; tous, remplis d'un enthousiasme extraordinaire, voulaient apprendre la coiffure antique,

Cette mode dura long-temps, et ce ne fut que pour se relever les cheveux en *pain de sucre* (mode chinoise), que les dames abandonnèrent la bandelette pourpre et le réseau de perles. Par un contraste dont on a peine à se faire une idée, les femmes, qui depuis plusieurs années s'attachaient les cheveux dans le bas de la fossette, se les relevèrent tout-à-coup sur le devant de la tête; les cheveux ainsi retroussés, on élevait des édifices qui étaient quelquefois d'une hauteur démesurée, mais qui ne manquaient cependant pas d'une certaine grâce. Cette mode fut l'objet des plus grandes études pour les coiffeurs, et cela se conçoit parfaitement en considérant la différence qu'il y a entre la coiffure chinoise et la grecque.

Dans ce temps, où l'on coiffait considérablement, comment les professeurs de coiffure donnaient-ils leurs leçons? démontraient-ils l'art de coiffer, ou enseignaient-ils une manière de coiffer? Les progrès que faisaient les arts à cette époque pourraient faire croire que le nôtre ne restait pas stationnaire, et c'est pourtant ce que je dois démontrer; pour le prouver, je n'ai qu'à citer un journal spécial, fait par un professeur qui jouissait d'une certaine réputation [1], et qui n'enseignait uniquement que la manière d'exécuter les coiffures qui étaient à la mode de son temps, et qui aujourd'hui, de même qu'un an après leur apparition, ne peuvent plus servir à rien. Dans ce temps, comme dans celui de Mongolbert, de Lefebvre et Léonard, on enseignait à faire des coiffures qui ne pouvaient servir que momentanément, sans s'occuper des principes qui mettent les élèves à même d'approprier la mode à la physionomie; enfin, dans ce temps comme de nos jours, on parlait souvent d'étudier l'air du visage,

[1] Palet.

sans chercher sur quelles bases on pouvait asseoir les principes de cette étude, et je ne sache pas qu'on ait jamais traité de la partie scientifique de la coiffure, car ni les journaux de modes, ni aucun des livres qui ont été faits à ce sujet, n'en font mention. Dans les ouvrages que j'ai consultés, je n'ai pas trouvé de ces leçons qui indiquassent aux élèves la marche à suivre pour adoucir la rudesse des traits, donner de l'expression à une figure froide, allonger une tête courte; en un mot, corriger tous les défauts de construction qui sont si fréquens dans la nature humaine. Si dans la musique on ne possédait pas un système plus positif, comment feraient les artistes qui sont obligés d'exécuter chaque jour des airs nouveaux? L'état d'ignorance dans lequel nous sommes n'est vraiment pas supportable, et puis c'est un vice dans les arts que l'absence d'une méthode de coiffure. Désormais toute personne qui se destinera à notre profession, pourra, dès les premiers temps, en étudier les principes, sans être obligée d'attendre qu'une longue expérience vienne les lui révéler.

APERÇU DE LA MÉTHODE.

Lorsqu'on veut connaître un art quelconque, on doit en étudier les premiers élémens, afin de bien comprendre les leçons qui dans la suite présentent des difficultés progressives. M. le baron Dupin a prouvé, dans les cours qu'il a faits pour l'instruction des ouvriers, de quelle utilité sont pour les personnes qui veulent apprendre les états de menuisier, mécanicien, tailleur de pierre, etc., les principes de dessin et de géométrie. Madame de Mancy, dans sa méthode, fait voir aussi la nécessité de ces connaissances, et tous les avantages qu'on en peut tirer [1]. Je n'avais pas besoin de tant d'exem-

[1] L'artiste qui a exécuté mes dessins est M. Durand, de Toulouse, garçon coiffeur, occupé chez moi en 1831.

ples, pour savoir que ce genre d'études est indispensable pour faire un bon coiffeur; mais je me plais à les citer, parce que l'opinion de ces deux personnages peut donner quelque poids à mon mode d'enseignement, dont la première leçon est entièrement consacrée à démontrer comment on dessine une tête d'après l'antique; la seconde (*anatomie de la tête*) en signale les organes les plus caractéristiques, leurs noms propres et leur expression; la troisième indique tous les moyens qu'on peut employer pour en corriger les défauts. Si l'élève a saisi tous les détails et acquis une idée juste de la construction d'une tête bien faite, ainsi que d'un beau caractère de figure, la quatrième leçon lui fera connaître les belles proportions du corps, et l'ensemble à donner à la toilette; la cinquième établit des principes sur la manière de disposer la coiffure selon la forme de la tête; la sixième enseigne à l'harmoniser avec l'air du visage; la septième à l'assortir au costume et à la corpulence; la huitième à l'approprier à l'âge; dans la neuvième, on trouve la définition de tous les caractères de coiffure; et, pour qu'on aperçoive clairement ce qui constitue chaque genre, je donne, dans la dixième, l'explication de toutes les lignes qui se décrivent dans chacun des modèles de coiffures de ma méthode; la onzième se compose de la nomenclature de toutes les fleurs, étoffes, plumes et bijoux qu'on emploie ordinairement; et enfin, la douzième enseigne l'art de mélanger les couleurs, et les moyens de les approprier à l'âge, au teint et à la nuance des cheveux.

PRINCIPES

POUR DESSINER UNE TÊTE DE PROFIL.

PREMIÈRE LEÇON.

La tête est la huitième partie du corps[1], il faut en considérer le volume, la forme et le caractère; je dis qu'il faut en considérer le volume, parce que si elle est trop petite par rapport au corps, on doit chercher à la grossir, et à élargir la figure de manière à lui donner de justes proportions. Si au contraire, comme cela se voit souvent, elle est une sixième partie, alors il faut chercher à la réduire, pour qu'elle en représente une septième, terme moyen chez les femmes.

Il faut aussi considérer la forme, parce qu'il ne suffit pas de relever les cheveux

[1] Le corps humain doit avoir huit fois la hauteur de la tête.

avec adresse et solidité : il faut encore que la tête vue de profil ait une forme élégante, sans quoi la femme peut avoir l'air niais et désagréable. Quant au caractère de la face, tout le monde sait qu'il est nécessaire de l'examiner attentivement. Quoique ces trois points principaux, si utiles à étudier, ne présentent pas de grandes difficultés, ils sont cependant bien souvent mis en oubli, et il est assez d'usage de ne pas s'en occuper du tout.

J'aurais bien envie de dire que cette négligence est impardonnable, mais l'absence totale de méthode est une excuse malheureusement trop légitime pour qu'on puisse se fâcher de l'état d'ignorance dans lequel sont plongés un grand nombre de coiffeurs. Je dirai donc qu'il est tout naturel qu'on se soit livré à la partie pratique, sans s'occuper d'autre chose ; mais cela ne veut pourtant pas dire qu'on ait eu raison, car c'est toujours un malheur que de travailler sans savoir ce qu'on fait.

Pour bien juger du volume et de la forme d'une tête, il faut avoir étudié les belles proportions, sans quoi il est impossible qu'on s'aperçoive de certains défauts. Et pour qu'on ne soit plus obligé de juger seulement d'après son goût, je vais indiquer comment on s'y prend pour faire l'esquisse d'une tête d'après l'antique, seul et vrai modèle de ce qu'on nomme le beau idéal. Quant au caractère de la face, il est impossible de nous en occuper maintenant, vu qu'il est de règle générale dans les arts de suivre l'élève dans ses progrès, et qu'on ne peut, lorsqu'il commence à esquisser une tête, lui parler des différens caractères de physionomie. Je recommanderai surtout aux coiffeurs qui adopteront mon système, de ne jamais étudier aucune leçon sans avoir parfaitement bien compris la précédente. Pour faire une esquisse, il faut avoir du crayon n°. 2, et un porte-crayon. On emploie ordinairement le fusain, parce qu'il s'efface avec facilité, et qu'on peut recommencer plusieurs fois la même chose sur le même papier.

Pour faire une tête (*voyez la fig.* n°. 3), on détermine un espace par deux lignes transversales, ensuite on en tire une au milieu, ce qui donne deux parties, qu'on divise aussi pour en avoir quatre, dont la tête se compose; savoir : une pour le crâne, une pour le front, une pour le nez, et une autre pour la bouche et le menton. Avant de commencer la figure, on trace une ligne perpendiculaire, qu'on nomme ligne d'opération, parce que c'est elle qui doit guider pour faire le milieu de la figure : cela fait, on prend, soit au compas, soit avec une bande de papier, trois parties et demie, pour avoir la largeur de la tête, à partir du bout du nez au bas de l'occipital, et du haut du nez à la partie la plus éloignée qui se trouve à la hauteur de la bosse sourcilière. Ayant ainsi établi les dimensions de la tête, on décrit, par un trait léger, la forme de la masse, après quoi on fait les détails de la figure, en commençant par le front, le nez, la bouche, et puis le menton.

Le nez doit avoir en largeur la moitié de sa hauteur. La perpendiculaire, dite ligne d'opération, en partage la largeur, et la partie inférieure qui se compose de l'aile du nez, est toujours moindre que celle qui est en dehors de la ligne. L'œil et la bouche ont la moitié de la largeur du nez, c'est-à-dire un quart de partie. La bouche est placée à un tiers du nez, et la lèvre inférieure et le menton occupent les deux autres tiers de la partie. Le menton a une partie dans sa longueur, le cou en a deux dans sa grosseur, et une et demie de haut.

L'oreille, qui est toujours de la hauteur du nez, en est éloignée de deux parties; sa hauteur est d'une partie, et sa largeur de la moitié. Au moyen des croquis 2, 3 et 4, et des explications que je donne, on doit parvenir à faire, je ne dirai pas un dessin achevé, mais un ensemble, et c'est tout autant qu'il en faut pour connaître les proportions. Les figures 2 et 3 ne doivent pas être regardées comme des modèles pour la forme du crâne, parce qu'elles sont destinées à servir pour la leçon sur les difformités. La figure n°. 1 peut seule être consultée pour la forme du front ainsi que celle du crâne.

Lorsque l'élève aura dessiné plusieurs têtes dans ces proportions, qui sont les plus régulières et les plus jolies que la nature ait produites, il fera aisément la différence d'une tête difforme d'avec une tête bien faite, et il distinguera de même un beau caractère d'un autre médiocre ou irrégulier.

La figure vue de face n'a, dans sa largeur, que trois parties; si elle en a plus elle est courte, et si elle en a moins elle est longue.

ANATOMIE DE LA TÊTE,

OU

DESCRIPTION

DE SES PRINCIPAUX ORGANES.

DEUXIÈME LEÇON.

Dans la tête, il y a seize organes principaux, et qu'il est bon de connaître, parce qu'ils rendent, par leur expression, toutes les nuances du caractère que la nature a imprimé sur la face de chaque individu. On les nomme : le *triangulaire*, muscle qui, en se contractant, fait baisser la bouche pour pleurer ; le *buccinateur*, le *cigonatiger*, le *canin* et l'*incisif*, tous muscles qui entourent la lèvre supérieure, et qui se contractent lorsqu'on rit ; le *master*, l'*os de la pommette*, l'*os propre*, la *bosse sourcillière*, la *bosse frontale*, la *cavité temporale*, les *pariétaux*, l'*occipital* et les *apophyses*, ainsi que les *trapèzes*. Mais comme il pourrait se trouver des élèves qui s'embarrasseraient dans une nomenclature aussi compliquée, je vais me borner à faire la description des plus apparens, et surtout de ceux qui, par leurs formes, font varier à l'infini l'expression et la coupe des figures.

La *bosse sourcillière*, n°. 1, contribue souvent à donner de la dureté à la figure, et toutes les personnes chez qui cet organe est très-prononcé ont l'air méchant, triste ou rêveur. Un beau front, *bosse frontale*, n°. 2, d'où s'élèvent de belles masses de cheveux, est ordinairement un signe de génie ; mais lorsqu'il avance beaucoup, c'est-à-dire qu'il approche de la ligne d'opération, il exprime des sentimens d'imitation et d'individualité (Gal.). La *cavité temporale*, n°. 7, signe de vieillesse ou de maigreur, dénote aussi chez une personne, lorsqu'elle est bien marquée, peu de force dans l'esprit; mais lorsqu'il y a une éminence au lieu de la cavité, cela annonce de l'idéalité (Gal.). L'*os de la pommette*, n°. 6, n'est qu'un signe de maigreur. Le *master*, n°. 8, quand il n'est pas bien arrondi, rend le visage large d'en bas. Les *pariétaux*, n°. 3, quand ils ne s'élèvent pas au-dessus de l'extrémité de la bosse frontale, et qu'ils décrivent un fragment de cercle bien régulier, donnent à la tête une forme élégante, surtout si l'*occipital*, n°. 4, qui prend à la hauteur de la ligne sourcillière, et qui descend jusqu'au cou, contribue à achever la formation du demi-cercle décrit sur les têtes bien faites et remarquables par leur régularité.

DES DIFFORMITÉS

SUR LE DERRIÈRE DE LA TÊTE.

TROISIÈME LEÇON.

Lorsqu'une tête est bien faite, on relève les cheveux comme on veut, cela sied toujours bien; mais il n'en est pas de même quand la forme en est désagréable.

On doit donc, avant que de relever les cheveux, examiner la construction de la tête. Nous savons qu'une tête doit avoir trois parties et demie dans sa largeur, et que les pariétaux en forment la partie la plus élevée au-dessus de l'oreille. Si une femme a la tête faite dans le genre de la figure n°. 3, nous voyons que les pariétaux se confondent avec la bosse frontale, et leur point le plus élevé se trouve tellement en arrière, qu'il offre l'aspect d'une tête de bossu. Comment faire? la mode exige qu'on torde les cheveux, et si on les a noués avec un cordon on a l'air d'arriver d'un coin de village. Si on forme une grosse *torsade*, cela allongera encore le derrière de la tête, et la fera paraître avec plus de désavantage.

Pour obvier à cet inconvénient, il y a un moyen très-facile, mais auquel on ne pense pas lorsqu'on ignore les belles proportions. L'élève sera étonné de voir qu'il suffit de connaître les défauts pour les faire disparaître sans aucune difficulté: pour une personne qui aurait la tête semblable à la figure n°. 3, il doit relever les cheveux très-haut, et ne commencera à les tordre qu'à partir de la ligne frontale; l'épaisseur de la torsade se trouvant portée sur le sommet de la tête, elle contribuera à en corriger les défauts, par la raison que le derrière ne se trouvera pas augmenté, qu'au contraire la masse exhausse le crâne, et lui donne la forme ordinaire.

Pour une femme qui aura la tête comme la figure n°. 4, il faut tordre les cheveux plus bas. Les pariétaux étant très-plats et très-creux, l'occipital forme une forte protubérance qu'on ne peut faire disparaître qu'en l'accompagnant d'un *beau tortillon* de cheveux, qui doit commencer sur la partie la plus saillante à la hauteur de l'œil, une partie plus bas que pour l'autre tête. Si on coiffe bas, tous les défauts se cachent facilement, attendu qu'on a toute la coiffure pour les envelopper. Mais si on veut exécuter une coiffure dans le genre du n°. 15, et que la femme ait les pariétaux plats, on sera obligé d'établir un fonds avec du crin ou du crêpe couleur des cheveux, pour donner à la tête la forme ordinaire, sans quoi l'effet n'en serait pas supportable, car la coiffure basse n'est jolie qu'autant qu'elle dégage la tête et qu'elle contribue à donner un beau profil.

ÉCHELLE DE PROPORTION.

QUATRIÈME LEÇON.

Le but de cette méthode étant de faire connaître aux coiffeurs tout ce qui peut faire ressortir les avantages de la beauté, je dois, avant que de parler des physionomies, indiquer quels sont les principes qui me guident dans l'exécution des coiffures, dont la forme et le caractère changent autant que la nature a varié la coupe des visages, l'expression des traits, la taille et la corpulence.

La méthode de dessin indique avec beaucoup de précision, par le moyen de l'échelle *A*, la proportion de chacune des parties du corps en les comparant les unes avec les autres. On y voit que le corps se compose de huit parties, la tête en a une, la cuisse en a deux dans sa hauteur, et une dans son épaisseur, etc. Et c'est en consultant ce régulateur, que les artistes parviennent à faire des académies dont l'ensemble est toujours harmonieux. Ayant été à même d'apprécier cette théorie par les leçons claires et précises que m'ont données M. *Lebreton* et Mme. de *Mancy*, l'idée m'est venue d'en créer une appliquable à la toilette des femmes.

On concevra sans peine comment j'ai pu assujettir à des règles de proportion le costume et la coiffure, en se rappelant qu'aujourd'hui tous les arts suivent une marche régulière et méthodique.

Mon échelle diffère de celle des académies en deux points : 1°. parce qu'elle se présente transversalement (*voyez* l'échelle *B*), et qu'elle établit les proportions d'après la largeur du visage et non d'après la hauteur de la tête comme celle *A*; 2°. en ce qu'elle ne contient que cinq parties au lieu de huit.

Pour qu'on ne confonde pas les proportions de mon échelle avec l'ancienne, j'engagerai l'élève à la bien étudier (voyez l'*échelle B au-dessus de la figure* n°. 1). Elle décrit six lignes perpendiculaires qui nous donnent cinq proportions, savoir : de l'extrémité de la manche à l'épaule, une partie et demie ; la touffe, une demi-partie; pour la coiffure dont le volume est aussi large que le visage, une partie; pour l'autre touffe une demie, et pour la seconde manche une et demie, ce qui fait cinq en tout.

Ces proportions, comme on le verra dans le courant de la méthode, sont celles qui conviennent à des femmes bien faites, c'est-à-dire à celles qui ont huit têtes de hauteur, deux de largeur aux épaules et une à la ceinture.

MANIÈRE

POUR DONNER A LA FIGURE

LA COUPE LA PLUS ÉLÉGANTE.

CINQUIÈME LEÇON.

La leçon première enseigne que le visage doit avoir trois parties dans sa largeur pour qu'il soit bien proportionné. Ces proportions d'un quart de plus dans la hauteur produisent ce qu'on nomme un ovale, qui est la forme ordinaire d'une belle figure. Le visage est court lorsqu'il a plus de trois parties dans sa largeur, il est long, lorsqu'il n'en a que deux et demie. Maintenant que nous connaissons la conformation d'une belle tête, voyons quels sont les moyens de l'allonger ou de la racourcir; mais auparavant je dois donner quelques instructions sur la manière de mobiliser les coiffures, vu que c'est un système tout-à-fait neuf, et qu'il exige qu'on prenne beaucoup de précautions.

Il faut d'abord commencer par les découper avec de petits ciseaux, en suivant le trait qui prend à partir des angles et borde le dessous de la coiffure, et éviter surtout de ne pas anticiper sur les cheveux ni les ornemens; on fera en sorte qu'elles se tiennent par bande de six, comme le trait l'indique, attendu qu'elles seront moins sujettes à se chiffonner.

Pour en essayer une, on doit examiner la tête qu'on veut étudier, de manière à y placer la coiffure d'aplomb, et, pour qu'elle se trouve à la hauteur naturelle, on n'a qu'à regarder si la naissance des cheveux est à une partie de la ligne des yeux. Lorsqu'on l'a mise à son point, on appuie de chaque côté avec les doigts pour qu'elle produise le même effet que si elle était faite sur la figure même.

La figure n°. 10 n'a pas trois parties, et comme elle n'est pas coiffée, je vais procéder de la même manière que si je donnais une leçon sur nature. Essayons-lui la coiffure D : nous trouvons qu'elle ne lui sied pas, et cela parce qu'elle lui allonge trop le visage. Essayons-lui maintenant celle E : elle lui va moins mal, mais cela ne fait pas disparaître la disproportion qu'il y a entre la hauteur et la largeur de la tête. Prenons celle F : celle-là lui sied bien, car étant ainsi coiffée, le visage, n'a rien de désagréable ni de disproportionné. Maintenant que nous avons trouvé la coiffure qui racourcit et donne l'ovale à cette figure, cherchons pourquoi les deux autres ne lui convenaient pas : la première avait les racines droites sans avoir de bandeau sur le front, et c'est pour cela qu'elle allongeait la figure; la seconde ne produit pas un effet aussi désagréable, parce que les tempes se trouvent garnies de boucles de cheveux, et que cela coupe un peu la longueur des joues; la troisième sied fort bien parce que tout dans cette coiffure tend à racourcir. D'abord elle charge beaucoup le devant de la tête; les cheveux frisés en tire-bouchons, et formant la draperie sur le front, en diminuent la longueur de la tête.

La tête n°. 9 a ce qu'on appelle le visage rond; la coiffure F est par conséquent celle qui lui convient le moins, puisque la disposition des cheveux tend à réduire. Celle E pourrait lui être appropriée parce qu'elle est plus légère; mais les cheveux qui retombent sur le front, et la tresse qui décrit des lignes transversales, en rendent l'application impossible. Si on veut faire quelque chose de bien, la coiffure D, dont les masses s'élèvent sur le sommet de la tête, et décrivent des lignes perpendiculaires, en laissant presque tout l'*œuf* de la tête à découvert, est sans contredit ce qui est le plus propre à allonger cette figure; et puis ses touffes légères, descendant tout au plus jusqu'à la ligne des yeux, ornent le visage sans le diminuer. Ce qui contribue surtout dans cette coiffure à donner l'ovale à la figure, c'est le demi-cercle que les frisures décrivent, et les cheveux qui sont relevés en racines droites vis-à-vis la ligne du nez. La figure n°. 8 a l'ovale parfait, aussi convient-elle à presque toutes les coiffures; celle F ne lui va pas excessivement mal, celle E la coiffe très-bien, et celle D lui sied parfaitement.

DE L'AIR DU VISAGE.

SIXIÈME LEÇON.

Ire. PARTIE.

Cette leçon est divisée en quatre parties, dont chacune doit être étudiée séparément, attendu que le sujet qu'elle traite est d'une grande difficulté. Notre plus beau mérite, sans contredit, est de savoir assortir l'arrangement des cheveux à l'air du visage. Une coiffure qui ne s'harmonise pas avec les traits, change la physionomie, et la rend méconnaissable; si, au contraire, elle s'accorde avec eux, elle en augmente les charmes sans en altérer l'expression.

Tous les auteurs qui ont écrit sur la

toilette des femmes consacrent cette vérité : on la répète en tous lieux, mais sans résultat, vu qu'on n'a pas posé de principes. Sous ce rapport, j'espère être plus heureux que mes devanciers, car je vais joindre l'exemple aux préceptes ; mais, avant que d'entrer en matière, je dois dire un mot sur la nécessité de coiffer devant un miroir.

Lorsqu'on a une glace devant soi, on peut étudier la figure de la personne, et connaître au juste sa corpulence ainsi que son âge ; si on n'a pas de miroir pour se gouverner, on est forcé d'établir sa coiffure au hasard, à moins que de se placer de temps en temps en face de la dame, à deux pas de distance, pour juger de l'effet ; chose inconvenante, et qui au résumé ne remplit pas le but, car la glace seule donne la contre-épreuve de l'ouvrage. Ainsi donc les élèves doivent faire asseoir les dames, autant que possible, devant des toilettes Psychés, et les prier surtout de bien se tenir droites, parce qu'une fausse attitude peut faire établir la coiffure de travers, ce dont on ne s'aperçoit que lorsque la personne est debout. Pour éviter cet inconvénient, on fera en sorte qu'elle s'asseye sur une chaise, et non dans un fauteuil, parce que le dossier étant très-reculé, elle est obligée de se plier en deux pour s'y appuyer.

Avant de relever les cheveux, il faut examiner la personne de profil pour connaître la coupe de sa figure, car c'est là-dessus qu'on se règle ordinairement pour avancer ou reculer la coiffure.

Une tête bien faite souffre qu'on la coiffe plus ou moins en avant; mais une femme dans le genre du n°. 16 ne peut rien supporter près du front, parce que les yeux étant déjà obscurcis par sa forme, tout ce qui les ombrage lui donne l'air dur; les touffes ne doivent pas non plus être ramenées bien en avant comme cela se fait pour les coiffures ordinaires; elles auraient le double inconvénient de cacher les traits, et de faire rentrer la figure. Le turban israélite est par conséquent ce qui lui convient le moins, puisqu'il avance beaucoup, et que les joues seraient encore rétrécies par les bandelettes; enfin, elle ne peut s'accommoder d'aucune coiffure antique, car celles qui ne sont pas ornées de couronnes ou de diadèmes lui laisseraient la figure trop à découvert. La coiffure à l'étrusque, faite sur le n°. 11, nous offre l'exemple du peu d'accord qu'il y a entre les formes simples et régulières, et cette figure sombre et disproportionnée; nous voyons par ces deux coiffures différentes qu'une tête de cette conformation ne souffre rien de très-reculé, ni rien de ce qui lui couvre le visage.

La figure n°. 17 a une coupe toute différente. Vue de profil, elle décrit un fragment de cercle; son front, qui fuit, veut qu'on établisse la coiffure sur le devant de la bosse frontale, pour rompre sa ligne qui se fond avec celle du nez; le turban juif, et tout ce qui garnit le devant de la tête (essayez la coiffure P), peut seulement convenir, parce que cela fait rentrer un peu les traits, et que tout ce qui la découvrirait ferait, au contraire, ressortir son défaut. La coiffure à l'étrusque, qui sied si bien à la tête n°. 11, peut encore me servir à prouver que la figure n°. 16, ainsi que celle n°. 17, n'est pas supportable avec les cheveux lisses sur le front. Une personne qui a les traits réguliers n'exige pas qu'on prenne tant de précautions. Que la frisure retombe ou non sur les joues, ou que les cheveux soient arrangés en bandeaux, cela sied à merveille, à l'exception cependant des jeunes personnes dont l'âge ne permet pas toujours qu'on leur fasse rien de lourd près du visage, et des vieilles qu'on est quelquefois obligé de surcharger beaucoup pour cacher les traces du temps.

GENRE SÉVÈRE.

2e. PARTIE.

Avant que d'enseigner quelles sont les coiffures qui conviennent à telle ou telle femme, je dois dire qu'il y a trois types ou caractères principaux, qui sont : 1°. le *sévère*, 2°. le *gracieux*, 3°. le *simple* ou *mixte*, et que chacun de ces caractères renferme une infinité de nuances, dont je donne un aperçu sur ma grande planche. Le n°. 13 est extrêmement sévère, le 10 l'est un peu moins, et le 12, quoiqu'ayant le même caractère, a le regard doux et l'air aimable. Les n°s. 8, 9 et 14 appartiennent au genre gracieux et expriment des sentimens différens. Le 9 a une grâce enfantine, le 8 a le sourire enchanteur, et le 14 a l'air et la tournure d'une coquette. Le caractère simple ou mixte se fait reconnaître dans les trois autres n^{os}, 6, 7 et 15. Le n°. 7 représente une jeune personne douce et d'une physionomie pure; le n°. 15, une jeune femme simple et modeste; le n°. 6, une personne riche, mais dont l'air n'annonce pas qu'elle cherche à produire de l'effet.

Cette différence d'expression nécessite une grande variété dans les coiffures, et voici comment j'ai classé et divisé les genres.

D'abord, j'ai établi en principe qu'il y a autant de caractères dans les coiffures que dans les figures; et cela se conçoit, car s'il en était autrement, il ne serait pas possible d'assortir une parure à chaque physionomie.

Je dis que nous avons trois types principaux, qui se nomment, comme les autres, *sévère*, *gracieux*, *simple* ou *mixte*. Ayant trouvé la source, il m'a été facile de voir tout ce qui en découle, et j'ai classé les nuances de la manière suivante: les turbans juif et persan, toutes les coiffures à l'antique ainsi que les modernes F et H, appartiennent au genre sévère; le turban des Sultanes, la coiffure chinoise, ainsi que celles C, D, E, G, J, K, L, tiennent au genre gracieux, et les trois A, B, M, du caractère simple.

Maintenant, il ne me reste plus, pour compléter la leçon, qu'à démontrer la nécessité d'étudier tous les caractères, d'en définir toutes les nuances et d'expliquer à quoi cela peut être utile, chose qui me sera facile, quoique ce soit là où gît la grande difficulté. Par mon système de mobilisation, qui, comme je l'ai déjà dit, met à même d'essayer plusieurs coiffures sur une seule tête, les élèves apprendront aisément à saisir ce qui convient ou ce qui ne convient pas au caractère de la figure. J'ai dit que la fig. 13 est la plus sévère : voyons si la coiffure qui a le plus de sévérité est celle qui lui siéra le mieux. Le turban persan, comme on le verra dans les coiffures à caractères, est le moins gracieux, et nous trouvons qu'il s'harmonise parfaitement avec cette figure dont le regard fixe a quelque chose de menaçant.

Plaçons-le sur le n°. 12, il nous sera facile de voir que son caractère ne s'accorde pas du tout avec des traits pleins d'amabilité; le n°. 10, moins par la discordance de caractère que par la forme de sa figure, qui est très-allongée, est fort mal avec cette coiffure. Celle H est dans le genre le plus moderne; mais la pose des plumes, celle des diamans, et la natte qui s'élève sur le sommet de la tête, en forme de diadème, lui donnent un aspect imposant; son ensemble s'adapte parfaitement à la figure 12; celle du n°. 10 ne supporterait pas non plus cette coiffure, attendu que les frisures ne descendent pas assez bas, et que son élévation est plus propre à allonger qu'à raccourcir le visage. La fig. 12 serait moins bien avec cette coiffure qu'avec le turban persan. La régularité de ses traits ne souffre pas ce mélange de cheveux et d'ornemens, et surtout des touffes formées par des masses aussi épaisses.

La coiffure F est, de toutes celles qui ont un caractère de sévérité, la moins avantageuse à la fig. 13; les cheveux qui descendent près des sourcils, et les tire-bouchons retombant sur les joues, lui raccourcissent trop le visage, déjà un peu fort. Le n°. 12 s'en accommoderait mieux; la tête n°. 10 est très-bien avec cette coiffure; celle du n°. 14, à la fois simple et élégante, couronne avec grâce la tête n°. 12, qui, déjà belle, gagne encore en majesté [1]. Cette coiffure étant un peu trop tournée pour qu'on puisse l'essayer sur toutes les autres têtes, je me bornerai à dire qu'elle ne s'harmoniserait avec aucune de celles de la planche, à l'exception du n°. 13, dont les traits supporteraient le diadème. Il semble, cependant, qu'on pourrait l'essayer sur le n°. 6, attendu que la tête tourne presque assez pour cela; mais si on la présente, on verra que le front carré jure sous la couronne de natte, et que la figure n'est pas assez accompagnée par une légère boucle de cheveux.

GENRE GRACIEUX.

3e. PARTIE.

La coiffure chinoise N, laissant le visage tout-à-fait à découvert, ne peut bien convenir qu'à de jeunes personnes

[1] Cette coiffure est celle de Matidie, dont on voit la statue au Musée des antiques.

au teint frais et au visage arrondi. Le n°. 9 est de toutes les figures gracieuses celle qui s'en accommode le mieux, parce que les racines droites lui donnent de l'ovale, et que son élévation avantage la taille qui est un peu courte[1]. Le n°. 8 pourrait aussi adopter cette coiffure, parce que les traits n'ont rien de disproportionné; mais cela serait un peu simple pour son âge : quelques frisures sur les tempes rendraient cette mode plus agréable. La tête n°. 14 a les sourcils relevés des côtés comme les femmes de la Chine, et elle serait très-bien avec les cheveux ainsi relevés; mais son âge et son air prétentieux nécessitent une coiffure qui produise plus d'effet. Le turban des sultanes, R, tant par sa

[1] Pour une femme grande et mince qui aurait la même coupe de visage, ce ne serait pas en exhaussant la coiffure qu'il faudrait le lui allonger, vu que cela la grandirait trop, mais bien en la frisant très-court de touffes, et en plaçant les boucles de manière à former un demi-cercle autour du front, seul et vrai moyen de donner l'ovale sans élever la taille. (*Voyez* explications linéaires.)

forme que par l'aigrette qui le domine, siéra à son visage rond. La figure n°. 9 serait trop jeune pour supporter une coiffure composée d'étoffe de Cachemire; le n°. 8 a une taille plus avantageuse, les traits plus formés, et cette coiffure répondrait assez bien à son ensemble. Comme le cou est un peu long, la torsade qui descend sur le côté gauche corrige ce défaut et donne de la grâce au turban. Le n°. 14 balance avec grâce l'aigrette courbe qui s'élève sur le devant de la tête; les plis qui se croisent et les masses qui se contrarient répondent parfaitement à son allure aimable et gracieuse, et cette coiffure lui conviendrait tout-à-fait si les bandeaux plats descendaient moins et ne lui cachaient pas le coin des sourcils. Le béret S, composé de deux étoffes différentes, est orné d'une tresse qui en relève les plis d'un côté de la tête, et lui donne l'élégance et la légèreté qu'exigent sa stature et sa physionomie vive et piquante. Les jetées de cheveux et la touche hardie des étoffes s'harmonisent assez bien avec la figure n°. 8; mais l'ampleur de cette coiffure est un peu trop considérable pour sa corpulence; le n°. 9 pourrait encore moins la supporter, par rapport à la petitesse de sa figure et à son âge. La coiffure G est le type de l'élégance : des marabouts s'élèvent au-dessus des nœuds de cheveux massés avec grâce et légèreté; une gaze serre le bas de cette coiffure et revient garnir le front en demi-turban dans le goût asiatique; une large plaque ornée de pierreries en serre les plis, et par ce moyen laisse toute la physionomie à découvert. L'aimable désordre qui règne dans ces frisures, et l'irrégularité de l'arrangement, sont la cause unique de l'ensemble parfait qui existe entre son caractère et celui de la figure n°. 14. Les deux figures n°s. 8 et 9 annoncent trop de modestie dans le maintien pour pouvoir se parer de cette manière. La coiffure J est aussi une composition charmante : tout dans cette coiffure porte l'empreinte de ce que la bonne société offre de galant et de gracieux. Un peigne monté sépare les deux touffes, laissant apercevoir les racines qui se dressent vis-à-vis la ligne du nez. Sur le sommet de la tête s'élève un rond de nattes surmontées de frisures, d'un oiseau de paradis et d'un papillon : cet échafaudage semble retenu par une flèche qui le traverse obliquement et l'entraîne du côté de son dard. Pour contre-balancer ce mouvement, deux coques lisses retombent sur la touffe gauche et rétablissent l'équilibre. Cette coiffure sied aussi très-bien au n°. 14; mais elle serait trop compliquée pour les n°s. 8 et 9. Celle K, quoique ornée plus simplement, et composée d'une manière tout-à-fait différente, produit presque le même effet : tout ce qui entoure le visage a autant de grâce et d'abandon; mais ce qui orne le haut de la tête fait moins de volume et a un petit caractère de sévérité. Les figures n°s. 8 et 9 pourraient être coiffées de cette manière, les proportions de cette coiffure étant en harmonie avec leurs traits et leur corpulence. Ce qui compose celle L est un nœud de cheveux orné d'un chaperon fait avec des fleurs détachées [1]. Cette coiffure convient particulièrement à des jeunes personnes qui ont de la grâce, et surtout à celles dont le visage est rond, attendu que le genre à la chinoise leur est favorable : la figure n°. 9 est dans cette catégorie; celles des n°s. 8 et 14 auraient besoin qu'on y ajoutât des touffes. Le D est aussi une coiffure qui sied à la jeunesse légère, et elle convient beaucoup à la figure n°. 9. Celle du n°. 8 est aussi fort bien coiffée de cette manière, quoique la frisure soit un peu trop courte. Pour la rendre propre au n°. 14, il faudrait donner aux touffes un peu plus de largeur. La coiffure E est un peu forte pour le n°. 8; sans cela elle rentrerait parfaitement dans son caractère : la natte qui

[1] La fleur ronde près de la tête est un narcisse ; les grappes allongées qui sont à sa droite, du spiréa ; la fleur qui suit, un pois de senteur, l'autre du jasmin, et les autres une marguerite, une bruyère, un muguet, une clochette, et un volubilis.

s'élève d'un côté, balancée par deux nœuds de ruban, lui donne beaucoup de grâce. Le n°. 9 ne peut être coiffé ainsi, parce que les cheveux qui drapent sur le front lui diminuent trop le visage. Le n°. 14 éprouve le même inconvénient, et ses sourcils seraient cachés sous la frisure. Le C est une coiffure légère qui ne manque pas de grâce, et qui a même un caractère de prétention. Elle conviendrait très-bien à une jeune femme aux yeux vifs : nous en trouvons un exemple en l'essayant sur les figures n°s. 8, 9 et 14. Elle coifferait admirablement cette dernière, si elle était moins âgée ; car l'aimable désordre qui se fait remarquer dans le mélange des nattes et des cheveux frisés répond très-bien à sa tournure leste et dégagée. Le n°. 9 serait tout-à-fait bien, si les bandeaux ne descendaient pas aussi bas. Le n°. 8, ayant l'ovale régulier, supporte les cheveux lisses sur le front, et sa physionomie un peu douce s'anime par l'effet de cette jolie composition.

Cette leçon paraîtra peut-être un peu

compliquée, mais il m'est impossible d'agir autrement pour bien faire distinguer les caractères. Si j'allais du *simple* au *sévère*, ou du *gracieux* au *simple*, on finirait par ne plus s'y reconnaître, et on n'apprendrait rien. Je vais donc, avant que de confronter les genres, finir par les enseigner séparément, et j'en ferai observer les nuances.

GENRE SIMPLE.

4e. PARTIE.

La coiffure B convient, sous tous les rapports, à une jeune personne; cette flèche lancée dans un nœud lui donne un caractère de légèreté qui lui sied fort bien.

La régularité qui règne dans l'arrangement des cheveux s'accorde parfaitement avec l'expression simple et modeste de la figure 7; les cheveux baissés sur les tempes, et la torsade qui couronne le front, coupent agréablement la longueur de son visage [1]. La tête n°. 15 ne peut être arrangée ainsi ; car sa figure longue et maigre a besoin d'être accompagnée par des boucles à l'anglaise. Si nous plaçons cette coiffure si jolie sur le n°. 6, nous trouvons que les traits, déjà altérés, ont besoin d'un peu d'accompagnement. La coiffure A, composée de touffes de tire-bouchons brisés, d'une natte à jour et d'une seule coque lisse, doit convenir, par rapport à sa légèreté, à une figure délicate ; celle du n°. 15, dont la complexion paraît faible, et qui d'ailleurs est allongée, serait bien coiffée de cette manière : le kamélia qui lui sert d'ornement produit un assez bon ef-

[1] Je dois observer que, pour les femmes de petite taille, il faut employer un moyen tout différent pour leur raccourcir la figure : des masses ramenées sur le devant de la bosse frontale, et décrivant des lignes transversales, rempliraient ce but : 1°. parce que le haut de la tête disparaît sous l'édifice ; 2°. parce que tout ce qui n'est pas droit, ou ne s'arrondit pas, tend toujours à raccourcir. (*Voyez* explications linéaires.)

fet, et conserve le caractère de simplicité.

La figure n°. 7 ne serait pas mal avec cette coiffure ; mais le n°. 6, offrant des traits vieillis et trop prononcés, ne peut souffrir la simplicité de cet arrangement. La coiffure M siérait fort mal aux n°s 7 et 15; les masses de cheveux frisés voileraient un front brillant de jeunesse, et la coiffure, quoique simple, produirait un effet trop lourd pour cet âge ; le n°. 6, au contraire s'en accommoderait fort bien, car la régularité qui règne dans l'arrangement des fleurs et des cheveux répond parfaitement à son air sans façon : d'un autre côté, les boucles qui se déroulent sur les tempes dissimulent un peu la grosseur de l'os de la pommette [1]. Lorsque les élèves auront bien étudié cette leçon dans toutes ses parties, ils pourront se livrer à la confrontation des caractères. Pour leur donner un aperçu de la manière dont ils devront y procéder,

[1] Cette coiffure se compose de deux roses à cent feuilles, d'une branche de géranium et de millepertuis.

je vais prendre une coiffure de chaque caractère et les essayer tour à tour sur une même figure.

Voyons d'abord la coiffure B (genre simple), et posons-la sur le n°. 7. Cette coiffure, comme je l'ai déjà dit, est parfaitement en rapport avec la douceur de la physionomie ; voyons ensuite quel effet elle produit sur un visage sévère, le n°. 13 par exemple : on trouvera qu'elle ne lui convient nullement. Ses traits marqués ne souffrent rien d'aussi uni, quoique la ganse lui donne un peu de gravité. La coiffure chinoise N, qui sied si bien au n°. 9, donne l'air hommasse au n°. 10, et augmente sur la figure n°. 15 l'expression de la douleur.

En essayant les coiffures de cette manière, les élèves pourront se pénétrer de la nécessité de varier leur travail autant qu'il y a de physionomies.

DE LA CORPULENCE
ET
DU COSTUME.

SEPTIÈME LEÇON.

Les statuaires trouvent qu'il est très-difficile de bien coiffer un personnage selon sa corpulence et le caractère de son costume. Les peintres habiles font beaucoup de cas d'un bel arrangement de cheveux, surtout lorsqu'il correspond au reste de la toilette, et qu'il contribue à mettre le perfectionnement à la stature. La difficulté que ces artistes trouvent à exécuter une chose que nous attrapons aisément, a fait dire à plusieurs coiffeurs célèbres, et notamment *Lefebvre* (auteur d'un traité sur l'art de coiffer), que notre art est supérieur à tous les autres. Quant à moi, quoique je n'aie pas la même prétention que mon devancier, je crois cependant que la matière sur laquelle nous travaillons mérite, mieux que la toile et le marbre, que nous cherchions à apporter dans l'exécution de notre travail, toute la perfection dont les arts sont susceptibles. Je m'estime heureux de pouvoir offrir à mes confrères une méthode qui les mettra à même d'harmoniser toutes les modes avec toutes les physionomies; et je crois que tout le monde approuvera un homme qui aime essentiellement son art, de chercher à y introduire ce qu'il y a de bon dans les autres, et surtout lorsque cela peut être de quelque avantage à un sexe auquel chacun est jaloux de consacrer sa vie. Bien coiffer une femme est, sans contredit, la couronner avec la même symétrie que les sculpteurs mettent à orner la tête d'une statue.

Rappelons-nous que chaque fois que la mode du costume change, la taille des femmes change aussi, et conséquemment la coiffure doit varier pour s'harmoniser avec la toilette. Si cela n'arrivait pas, la difficulté serait moins grande; mais notre journal des modes donne si souvent du neuf, qu'il faut avoir maintenant un génie créateur et une facilité extraordinaire pour se familiariser chaque semaine avec un nouveau goût.

Les coiffeurs qui n'ont pas de méthode ont de la peine à suivre tous ces changemens, et, comme il arrive souvent que leurs coiffures ne vont pas du tout avec les robes, ils disent que la mode est ridicule. Nous avons un exemple tout récent de cela. Il y a deux ans nous fîmes paraître au journal des coiffures basses, dans lesquelles il y avait des cheveux frisés qui retombaient par derrière: les couturières (dont la majeure partie travaille sans raisonner sur ce qu'elles font) ne changèrent rien à la façon des robes, et comme les manches à *gigot* ne supportent pas la mode à la grecque, on entendait dire à tout le monde que cette coiffure antique était sans grâce, et qu'elle ne parait pas autant la tête que celle à la *girafe*.

J'ai souvent dit au propriétaire de notre journal, qu'il devrait réunir une fois par an les coiffeurs et les couturières en réputation, afin de s'entendre sur les modes pendant le courant de l'année; mais il n'a point consenti à cette réunion. Aussi n'avons-nous jamais pu nous entendre sur rien, et ce n'est qu'au bout d'un certain temps qu'une mode a paru, que la masse des coiffeurs parvient à harmoniser les toilettes; mais, il faut le dire, toujours trop tard; car c'est au moment où l'on commence à bien faire, qu'une nouvelle mode paraît et fait tout changer. On n'a pas le temps de jouir des perfectionnemens.

Quant aux marchandes de modes, c'est encore pire, et je crois qu'elles font exprès leurs calottes très-basses pour empêcher que les dames ne puissent être coiffées en dessous. C'est d'après leur obstination à faire leurs chapeaux bas et étroits, que les dames ont adapté la coque pointue qu'elles se font depuis deux ans, et qui ne leur sied pas du tout ; car, sans un joli peigne par derrière, cette coiffure leur donne l'air de licornes.

J'ai dit que la coiffure doit être en harmonie avec la corpulence et le costume, et cette leçon doit établir les règles de cette partie de l'enseignement ; mais avant tout je vais essayer d'en faire comprendre la nécessité, car il pourrait se trouver des élèves à qui de simples avis ne suffiraient pas. Je dirai donc qu'en 1446 le costume était *sévère*, et *Marguerite d'Estampes*, ayant trouvé qu'il avait quelque chose d'oriental, se fit faire des turbans qu'on ornait de perles et de pierreries : cette coiffure répondait parfaitement à son costume.

Élisabeth, reine d'Angleterre, née en 1533, n'avait pas autant de goût ; elle se chargeait de bijoux et de perles ; sa poitrine et ses cheveux en étaient tellement couverts, qu'on eût dit un magasin de joaillerie. Son cou était entièrement enseveli sous une collerette haute et empesée. En voyant la description de son accoutrement, on est tenté de croire que sa coiffure était au moins aussi haute que celle de madame *de Pompadour*. Eh bien, c'est le contraire, car elle était basse et engonçait le cou, qui se trouvait déjà entouré par l'énorme collerette.

Les femmes de la cour d'Henri III portaient aussi des collerettes à tuyaux, très-hautes et bien empesées; mais elles avaient un peu plus de goût, et savaient se dégager le derrière de la tête, en ramenant tous les cheveux sur la bosse frontale.

Les femmes de la cour de Louis XIV, après avoir adopté la mode des cheveux frisés sur les épaules, sentirent que les tire-bouchons ne produisaient pas un bon effet, lorsque le vêtement ne laissait pas apercevoir les formes; elles voulurent porter des robes très-décolletées, et leurs boucles flottantes donnèrent à leurs coiffures une grâce qu'on chercherait en vain, sans cet abandon naturel qui faisait le charme de leur parure.

Pendant le règne de la poudre, on se conformait quelquefois au costume, et on vit la *boucle* et le *chignon flottant* retomber sur le sein; mais bien souvent aussi les femmes portaient des fichus montans, tandis que des cheveux poudrés retombaient très-bas sur leurs épaules; ce qui était fort sale et d'un très-mauvais effet.

Le portrait de la princesse Lamballe, dont la coiffure est une des plus légères qu'on ait faites dans ce genre, est très-couvert par un fichu de mousseline, quoique des boucles poudrées se déroulent sur le cou. Les coiffures de l'ancien régime n'avaient pas seulement le défaut de la malpropreté, elles étaient encore disproportionnées avec les épaules et le reste du corps.

On pourrait m'objecter que, comme on portait des paniers, il fallait que le volume de la tête répondît à celui des hanches. Cette objection aurait quelque poids si on n'avait pas sacrifié à l'ensemble du costume l'expression du visage, en dépouillant les traits de tous les avantages que leur donne la frisure, et en relevant les racines à toutes les femmes, sans distinction d'âge, de caractère, ni de stature.

Tous ces contre-sens, qu'on trouvait autrefois délicieux, choquent aujourd'hui la vue des personnes qui ont une idée du beau.

Afin de bien s'entendre sur les proportions qu'on doit observer dans les modes à venir, et leur donner un ensemble qui ne blesse pas le bon goût, j'établis en principe, comme j'ai déjà eu occasion de le faire, que le volume de la masse, que nous appelons la coiffure de derrière, doit avoir la largeur de la tête, qu'elle soit droite ou penchée, afin que, lorsqu'on en dégage un côté pour lui donner de la grâce, il y ait un contre-poids pour balancer la partie qui s'incline et rétablir l'équilibre. (*Voyez* échelle B.)

Si on déroge quelquefois à ces règles, c'est que les épaules n'ont pas assez de largeur, et qu'il faut, dans ce cas, chercher à réduire les touffes pour concilier l'air du visage avec la corpulence. Si une femme n'a pas la tête assez garnie par devant, il est facile d'y remédier en employant de faux cheveux; car jamais on n'a travaillé le *postiche* aussi bien qu'on le fait aujourd'hui. Partant de ce principe, on pourra aisément conserver un ensemble agréable, en élargissant un peu la coiffure, si les couturières donnent de l'ampleur au costume, ou en la rétrécissant si elles veulent le diminuer. Il y a plusieurs manières de coiffer qui permettent de s'écarter des règles ci-dessus; telles que la mode à la *Chinoise*, dans laquelle les cheveux de devant sont en racines droites, et celle à la *Ferronnière*, dans laquelle on les lisse à plat sur les tempes; mais alors cela rentre dans les coiffures de caractère.

Il y a aussi un autre genre de coiffure qui présente des exceptions : cette mode a reçu le nom de *girafe* par rapport à sa hauteur. Beaucoup de coiffeurs, sans méthode, l'ont exagérée, au point qu'il m'a fallu inventer des carcasses pour soutenir les *coques*, sans quoi j'aurais vu s'écrouler les édifices dont j'avais été le créateur. Cette mode, qui a fait le tour du monde [1], me fut inspirée par le besoin de sortir du système de pesanteur qu'on avait adopté, et dont toutes les femmes étaient lasses, car elles savent apprécier ce qui leur est avantageux : elles firent beaucoup d'accueil (ainsi qu'un grand nombre de coiffeurs) à ce caractère de légèreté qui se fait particulièrement remarquer dans le mode d'exécution que j'ai créé en 1825.

Celui qui crée est forcé d'exagérer un peu pour produire de l'effet; et lorsqu'il est certain du succès, il modifie. C'est ce que j'ai fait, car depuis long-temps les coiffures que j'envoie au Journal des Modes, quoique un peu hautes, s'approprient facilement à toutes les physionomies. Non pas que je prétende que les petites gravures soient toujours coiffées à l'air de

[1] Je dis le tour du monde, parce que je l'ai enseignée aux plus célèbres coiffeurs de toutes les puissances où on suit les modes françaises.

leur visage et d'après toutes les règles de la méthode; cela est impossible, vu que, quand je donne une coiffure, j'ignore quelle sera la femme qui la portera; et s'il arrive quelquefois qu'il y ait harmonie dans l'ensemble, c'est que mademoiselle *Ribaut* (1) s'entend bien à assortir les toilettes.

Plusieurs coiffures de la méthode, dont quelques-unes ont rapport aux modes que j'ai inventées depuis nombre d'années, peuvent donner la preuve de ce que je viens d'avancer.

(1) Cette demoiselle dessine les petites figures des modes.

DE L'AGE.

HUITIÈME LEÇON

Les modifications qu'il faut apporter dans les coiffures, par rapport à l'âge, sont très-difficiles, et conséquemment il est indispensable de les étudier. Peu de coiffeurs se sont appliqués à ce genre d'étude; aussi voit-on, tous les jours, des enfans coiffés comme des femmes, et des vieilles parées comme de jeunes personnes. Le printemps est ainsi confondu avec l'automne, et l'été avec l'hiver. Les coquettes, plus occupées de leurs conquêtes que du nombre de leurs années, qui s'écoulent dans les bals et les plaisirs, veulent conserver toujours la même mise, et ce n'est que lorsque le temps a gravé son empreinte sur leur visage, qu'elles conviennent qu'il faut apporter des changemens dans leur toilette. Un coiffeur ne doit pas dire à une femme, qui croit pouvoir cacher son âge, en se faisant faire une coiffure de jeune personne: *Madame, vous vous trompez; il faut que cela soit autrement*. Cela est impossible, à moins de vouloir se faire interdire à jamais l'entrée de sa maison. Un artiste habile ne contrarie jamais une femme sur des choses semblables : il la laisse dire, il l'écoute même, mais il coiffe par principe; et, quoiqu'il fasse souvent ce qu'on lui demande, il n'en fait pas moins une coiffure appropriée à l'âge, car il lui est aussi aisé de donner quarante ans à celle qu'on lui demande, qu'à toute autre qu'on ne veut pas; attendu que l'expression ne dépend jamais de ce qu'une coiffure se compose de telle ou telle chose, mais bien de la forme et du cachet qu'on lui imprime. Lorsqu'on est appelé par plusieurs personnes de la même famille, que toutes ont la même physionomie, et qu'elles veulent être coiffées de la même manière, ce n'est qu'en variant le caractère et la forme des masses qu'on parvient à donner à la coiffure de la jeune fille quelque chose de simple et de léger, à celle de la jeune femme une forme plus décidée, et à celle de la mère une ampleur qui corresponde à l'aplomb que donnent les années. Les jeunes personnes sont très-difficiles à coiffer, surtout lorsqu'elles sont en grand nombre, parce qu'il faut varier selon les physionomies, et conserver toujours le caractère de la jeunesse. Aussi, les coiffeurs qui n'ont pas de méthode sont-ils bien embarrassés quand ils sont appelés dans des pensions de demoiselles, pour le jour de la distribution des prix.

Il est sans doute pénible d'être obligé de coiffer un grand nombre de jeuens têtes, dont aucune ne pourrait supporter des choses à effet, et qu'il faut cependant parer avec symétrie; car la plupart attendent ce jour-là avec impatience pour déployer leurs grâces et leur parure; un artiste ne peut donc se tirer de là qu'en faisant un miracle. Je dis miracle, car il faut qu'il réunisse les contrastes les plus extraordinaires pour être toujours uniforme dans le caractère de simplicité qui convient aux jeunes demoiselles, et toujours varier, pour que toutes soient coiffées en harmonie avec leur figure et leur corpulence. Lorsqu'il s'agit d'embellir une de ces dames dont les traits affaiblis par l'âge n'offrent rien qui rappelle les beaux jours de sa vie, que peut-on consulter dans ce miroir qui ne réfléchit aucun objet capable d'éveiller l'imagination d'un artiste et de le guider dans son travail? Cette femme, dont le front si pur, les les yeux brillans, la bouche charmante, séduisaient jadis les cœurs, n'offre plus aujourd'hui que l'image de la décrépitude, semblable à la fleur qui, au printemps, exhale les plus doux parfums, et l'hiver penche sa tête flétrie et desséchée. Le triste tableau d'une vieille femme fait croire généralement qu'il est impossible de la rajeunir; qu'on se désabuse, car le coiffeur peut donner de la grâce à une jeune personne, et cacher l'âge d'une tête surannée. C'est ce que j'espère expliquer avec la même clarté que j'ai mise dans les autres leçons. Quand on ne trouve ni attraits, ni fraîcheur, ni jeunesse dans une femme, il faut, à son insu, examiner attentivement son maintien, ensuite s'assurer si elle est aimable et si elle a l'air spirituel. Si elle a de l'amabilité, c'est une grande ressource pour le coiffeur: car on est presque toujours bien inspiré par une personne qui n'a que des choses agréables à dire. Si elle n'a qu'un beau maintien, les ressources sont moins grandes; mais enfin on peut encore espérer de tirer un bon parti de sa tournure. On commence d'abord sa coiffure par de fortes masses, qui, s'élevant très-haut sur le devant de la tête, donnent l'air grave et majestueux. Ensuite, consultant la largeur des épaules ainsi que le costume, on y proportionne l'ampleur de la coiffure, et en terminant on cherche à lui donner un aspect hautain et de bonne société, afin d'accompagner sa démarche noble et imposante : une toilette riche, dont on sait tirer parti, tien.

souvent lieu de beauté. Beaucoup de femmes, par cet artifice, produisent de l'effet dans le monde. Pour une dame qui n'aurait pas une taille avantageuse, mais dont l'esprit et les manières sont agréables, le moyen de la rejeunir est tout différent : les yeux dans le miroir, vous tâchez de démêler à travers les rides de l'âge, quels sont les organes de sa figure qui sont propres à vous seconder. Ensuite il faut s'assurer si elle met du rouge ; car, puisqu'on coiffe pour les traits, on doit chercher s'ils ont besoin de coloris, et savoir à quoi s'en tenir pour disposer les couleurs : ayant ainsi étudié le terrain, on peut commencer à bâtir l'édifice. Les vieilles femmes ont l'habitude, comme on sait, de découvrir le moins possible leur visage décharné ; aussi c'est toujours en avant de la bosse frontale qu'il faut porter la coiffure ; dans une exécution semblable, on doit y porter beaucoup de ménagement à cause du manque de vigueur dans la physionomie, attendu que tout ce qui charge le devant de la tête tend à donner de la dureté. Je recommande surtout de ne point ombrager les yeux par des boucles épaisses, et de s'assurer si le cou et les joues n'ont pas besoin qu'on lance des frisures pour cacher les rides; en ce cas, il faut que les anneaux se déroulent sans raideur, et les masquent comme par hasard. Dans toutes ces combinaisons, on conservera l'harmonie, c'est-à-dire que si la femme est aimable, la coiffure doit être gracieuse, sans cesser pourtant d'être convenable à son âge.

FLEURS, PLUMES, ÉTOFFES ET BIJOUX EN USAGE POUR LES COIFFURES PARÉES.

NEUVIÈME LEÇON.

Comme il arrive souvent que les dames nous consultent sur la mode et le choix à faire pour ce qui doit orner leurs coiffures, il est indispensable de connaître tous les objets qui entrent dans leur parure. Pour éviter toute confusion dans la nomenclature des fleurs, j'ai suivi l'ordre alphabétique.

FLEURS DÉTACHÉES.

A

Amarillis.
Ablua.
Anémones.
Ail strié.
Avoine naturelle.
Idem or.

19

Avoine argent.
Acacia.
Aubépine.
Asperge.
Aristéa blanc.
Agavé en épi.

B.

Bananier.
Barbeaux cultivés.
Belle de nuit.
Bégonia.
Bleuet.
Bruyère.
Bulbocode.
Buphthalme.
Bermudienne.

C.

Cactus.
Camellia.
Camomille.
Cérasus.
Chèvre-feuille.
Coquelicot.
Clochettes.
Croix de Jérusalem.
Colchique.
Commeline.
Curmona.

D.

Dahlia.
Daphné.
Diomelle.
Diassie.
Digital.

E.

Epi de blé.
Idem or.
Idem argent.
Eugénia.

F.

Fleur d'oranger.
Fleur de sureau.
Feuilles de vigne.
Feuilles de chêne.
Feuille de sensitive.
Floxque.

G.

Galaxia.
Germandrée.
Géranium rosa.
Grenades.
Groseilles.
Giroflées.
Glaïeul.
Globbée.
Glocus.

H.

Hélonias rose.

Hou.
Héliotrope.
Hémerocalle.
Hyacinthe
Hypoxis.

I.

Iris de Sibérie.
Iris à crête.
Ixia blanc.

J.

Jacinthe simple.
Jasmin d'Espagne.
Idem de France.
Idem des Açores.
Jonquille.

L.

Lilas lilas.
Idem blanc.
Laurier rose.
Limodore.
Lachenale.
Limona.

M.

Marguerite.
Médcalée.
Mérendère.
Mille-pertuis.
Mimosa.
Muguet.
Muscari grappes.
Murante roseau.

N.

Narcisse de poëte.
Idem odorant.
Idem radié.
Idem feuille mauve.
Nèles.
Nymphea.

O.

Œillets rouges.
Idem diude.
Idem panachés.
Orchiste.
Oreilles d'ours.
Ornithogale.

P.

Paligantum.
Pariétaire.
Pensées.
Pensez-à-moi.
Pervenche.
Phalangère.
Pieds d'alouette.
Pin des Alpes.
Pivoine.
Pois de senteur.

R.

Raisin.
Réséda.
Rose cent fleuilles.
Idem mousseuse.
Idem Bengale.
Idem Pompon.
Idem de Provins.
Idem de haie.
Idem quatre-saisons.
Id. duchesse d'Oréans.
Idem noisette.
Idem renoncule.
Idem de mai.
Idem multiflore.

S.

Sagittaire.
Scabieuse.
Spiréa.
Strelitzia.

T.

Taraspic.
Trillium rhomidel.
Tritoma à long épi.
Troëne.
Tubércuse.
Tulipe œil de soleil.
Idem de France.
Idem du Japon.
Idem de jardin.

V.

Vernonia.
Véronique.
Violette simple et double.
Volubilis.
Witsenia mauve.

Z.

Zigadème lisse.

COURONNES.

Couronne à la Marie-Stuart.
Idem à la Cérès.
Idem à la péruvienne.
Idem à la vestale.
Idem en trois touffes dite à la grecque.
Idem en demi-couronne.

PLUMES.

Plumes d'autruche plates.
Idem frisées.
Bouts de queues montés en touffes.
Marabouts.
Hérons courb. dits esprit.
Idem aigrette droite.

Oiseaux de paradis.
Ailes d'oiseaux.
Plumes de perdrix.
Idem de perroquets.
Idem de paon.

ÉTOFFES.

Gaze lamée en or et en argent.
Idem unie de toutes couleurs.
Crêpe lisse de toutes couleurs.
Crêpe crêpé *idem*.
Gaze Smyrne.
Idem brochée.
Barège cachem. de toutes couleurs.
Idem en laine à carreaux.
Bouffantes.
Satin imprimé.
Grenadine.
Chefs d'or et d'argent.
Echarpe de toutes couleurs.
Schals cachemire.
Velours uni.
Idem brodé.
Voiles de blonde et autres.
Echarpes et barbes.
Mantilles.

Rubans unis de toutes couleurs.
Idem lamés.

BIJOUX.

Diadème en toute sorte de pierreries.
Idem en perles.
Peignes en toute sorte de pierreries.
Idem en camée.
Idem en toute sorte de métaux.
Idem en jais.
Idem en corail.
Idem en perles.
Flèches en pierreries.
Idem en perles.
Idem en toute espèce de métaux.
Papillons en pierreries.
Idem en perles.
Idem en or.
Aigrettes en pierreries et en jais.
Aigues-marines.
Epingles à l'italienne et autres.
Epis en pierreries détachés et en gerbes.
Idem en acier détachés et gerbe.

Bouquet en pierreries.
Idem en perles.
Rivières en toute sorte de pierreries.
Plaques dites Sévigné et autres.
Chaînes de toute espèce.
Brasselets, *idem*.
Perles de Rome.
Idem en corail.
Idem en jais.
Idem en perles fines.

On emploie aussi une infinité d'objets de fantaisie, dont je ne donne pas les noms, attendu qu'on ne s'en servira plus lorsque la mode viendra à changer.

ART

DE MÉLANGER LES COULEURS.

DIXIÈME LEÇON.

Il ne suffit pas de connaître tous les objets qui servent d'ornemens aux coiffures parées, il faut qu'on sache aussi aproprier les couleurs au teint, à l'âge et à la nuance des cheveux, car la moindre discordance peut détruire l'effet d'une belle composition : on doit donc étudier les effets des couleurs sur une peau blanche ou foncée, afin d'être instruit de ce qui peut donner le plus d'éclat à une brune, et de ce qui est propre à faire valoir les charmes de la blonde. Ensuite comme il arrive très-souvent qu'on a des fleurs ou des étoffes de plusieurs couleurs, pour composer une coiffure, il faut qu'on sache quelles sont les teintes qui se fondent ensemble pour que les mélanges n'offrent rien de choquant.

Mais avant que de traiter cette question, qui n'est que secondaire, nous allons examiner quelles sont les couleurs favorites à la brune, et chercher à connaître celles qui conviennent le mieux à la blonde, distinction fort importante. Tout ce qui a de l'éclat et de la vivacité, produit un bon effet sur des cheveux noirs, et éclaircit un teint rembruni, aussi dit-on que le rouge et le jaune sont le fard des brunes.

Les blondes, au contraire, recherchent le rose et le bleu clair, comme s'harmonisant avec leurs physionomies douces, la blancheur de leur teint et la nuance de leurs cheveux. La préférence que l'une donne aux couleurs les plus dures, et l'autre aux plus tendres, suffirait pour expliquer cette leçon, si les femmes qui ont les cheveux châtains ne compliquaient les difficultés.

Pour empêcher les élèves de confondre ce qui convient aux unes, avec ce qui sied aux autres, je leur dirai que généralement les brunes exigent les couleurs ponceau, cerise, jaune, blanc, chamois, cramoisi, noir, feu; et que les blondes demandent le bleu, le rose, le vert, le lilas, le violet et le lapis. Les châtaines s'accommodent d'un peu de tout; seulement, pour celles qui ont le teint très-clair, les couleurs tendres sont préférables aux couleurs vives; les parures des brunes peuvent convenir à celles qui ont la peau très-foncée, mais en général elles ornent leurs coiffures de jardinières [1], c'est-à-dire de plusieurs couleurs. On peut embellir la parure d'une femme de trente ans aux yeux et aux cheveux noirs, avec un mélange de bleu turc, de rouge ratine, et de jaune bouton d'or; mais, dans ce cas, il faut que le jaune soit entre les deux couleurs, parce qu'il est de règle, lorsqu'on a trois couleurs à entremêler, de placer la plus claire au milieu. Le bleu

[1] On appelle jardinière un bouquet ou une guirlande composés de différentes fleurs.

doit être éloigné de la peau, car il durcit; les épis de blé, les bleuets et les coquelicots, forment des coiffures charmantes. Le blanc et le cerise, le blanc avec de l'or, rouge et argent, se marient agréablement; noir et rose produisent un très-bon effet : tous ces mélanges, en un mot, augmentent l'éclat, et embellissent les brunes, pourvu qu'on ait le soin de n'approcher des traits que les couleurs vives.

Pour les blondes, on poura couper le bleu avec le blanc ou de l'argent, dans ce cas le bleu doit être clair; le vert anglais avec de l'or, le rose avec le blanc, lilas et argent, leur sont favorables; la couleur cheveux de nègre et or ne leur sied pas mal, ainsi que tout ce qui a une teinte douce.

DESCRIPTIONS

DES

COIFFURES A CARACTÈRES.

ONZIÈME LEÇON.

1re. PARTIE.

Il n'y a guère que les coiffeurs de théâtres qui étudient les coiffures à caractères, et encore en est-il bon nombre qui confondent la forme grecque et romaine, le turban juif et persan. Sous ce rapport, cette leçon leur sera fort utile, parce qu'elle donne la description de presque tous les genres propres à la tragédie; c'est-à-dire des coiffures *grecques*, *romaines*, *étrusques*, *israélites*, *persanes*, *turques* et *chinoises*. Comme il est d'usage maintenant de donner des bals travestis,

18

les coiffeurs de la ville pourront aussi tirer quelque profit de ces descriptions, et, la mode à l'antique étant en grande faveur cet hiver, ils feront bien d'étudier les cinq coiffures imitées des anciens Grecs et Romains. Afin de ne pas embarrasser les élèves dans une nomenclature aussi compliquée, j'ai divisé la leçon en trois parties. Pour qu'ils ne confondent pas non plus les caractères de physionomie auxquels chaque genre convient le mieux, je vais faire la description des figures grecques et romaines; le n°. 18 est le type dans toute sa pureté des premières : le front dont la ligne se confond presque avec celle du nez, la lèvre supérieure qui n'a qu'un quart de partie au lieu d'un tiers, et enfin la quatrième partie qui est moins grande que la troisième, chose qui rend le bas du visage très-délicat, sont les signes les plus distinctifs de cette tête. Le haut de la figure ressortant un peu en dehors de la ligne d'opération, et le *master* ayant une forme arrondie, lui donnent aussi cette belle sévérité qu'on ne trouve chez aucun autre peuple. Pour qu'on observe aussi la différence qui existe entre les modes romaines, étrusques et grecques, je vais indiquer en peu de mots comment se coiffaient les femmes de ces trois nations.

Coiffures grecques.

La coiffure grecque était fort simple dans son origine, elle consistait à séparer les cheveux au milieu du front, et à les tordre au bas de la fossette pour en former un tortillon ; les boucles qui flottaient en tire-bouchons par derrière, lui donnaient le caractère égyptien. Lorsque le luxe fit des progrès, les femmes se tressèrent les cheveux de plusieurs manières, et celle qui fut le plus long-temps en faveur était la tresse qu'on trouve dans les portraits de *Raphaël*, et que nous nommons à tort tresse *circassienne*. La frisure était aussi en usage chez les anciens Grecs, mais on ne crêpait pas les cheveux, seulement on les ondulait pour les rendre plus volumineux; ils imaginèrent les réseaux et les mitres, pour rendre les coiffures plus solides, et l'histoire rapporte qu'on en faisait de très-riches. Les bandelettes furent inventées à Syracuse, et ce fut dans cette ville qu'on perfectionna ce genre de parure connue sous le nom de *lemniscus*, et qu'on finit par embellir de pierreries et de broderies en or et en argent. Il y avait deux signes caractéristiques dans la coiffure grecque, qui sont la ganse, appelée *corimbion* ou *crobillos*, et la frisure jetée avec tant de grâce sur divers points de la tête. Les femmes savaient faire la ganse de mille manières, soit en y mêlant des pierreries ou des chefs-d'or, ou bien en les composant de cheveux lisses et de nattes. Quelquefois les frisures du devant flottaient en partie sur le front, et le reste par-dessus la ganse [1].

Les fleurs servaient aussi d'ornement

[1] La tête n°. 18 est coiffée à peu près de cette manière.

pour la tête, et les plus belles qu'on portait, lorsqu'elles n'étaient pas naturelles étaient faites avec de la cire.

COIFFURE ROMAINE.

2. PARTIE.

Le n° 20 nous offre la forme et l'expression des figures romaines. Les traits prononcés, le front un peu fuyant, le nez court et la partie d'en bas un peu grande, sont les signes de son beau caractère de physionomie. A Rome, les femmes cherchaient à imiter le costume et la coiffure des Grecques, ce qui fait que l'on confond souvent les modes de ces deux nations : cependant une personne attentive peut en faire aisément la différence.

Dans les temps les plus reculés, où rien ne portait l'empreinte du luxe et de la recherche, la coiffure que les dames portaient était simple. Aussi on relevait les cheveux sans les nouer, et on en formait une *torsade* qui régnait tout autour de la tête. Ce bourrelet, retenu par

20

une bande étroite faite avec de l'écorce de tilleul, était très-commode pour placer les couronnes dont les dames ornaient leur tête pendant les sacrifices et aux jours de fête. Les vestales étaient les modèles que les femmes mariées ou matrones affectaient d'imiter, avec cette différence qu'elles ne cachaient pas tous leurs cheveux avec le voile qui était alors de rigueur. La mode sut bientôt ajouter à ce costume, et on inventa, ou plutôt on emprunta des Grecs une espèce de demi-cercle ou bandeau, qu'on plaçait parmi les boucles de cheveux du devant de la tête, comme on le voit encore sur les statues antiques. Le luxe et le goût de la dépense s'accrurent, et lorsque Rome fut devenue le point de réunion de tous les peuples qui pouvaient avoir quelques prétentions à des goûts raffinés, on vit la coiffure varier à l'infini. Quelquefois, les cheveux étant tressés, on en formait une espèce de casque, et souvent de fortes nattes s'élevaient sur le devant de la tête, en forme de diadème, dans le genre de la coiffure O. Les femmes employaient tant d'essences que les parfumeurs d'Alexandrie ne leur suffisaient pas. Un usage, perdu de nos jours, avait été poussé à la dernière perfection : c'était la manière de parfumer les cheveux avec des spiritueux. On s'en emplissait la bouche, et on lançait la liqueur en l'air pour qu'elle retombât sur la tête comme une rosée. L'art d'entremêler les perles vint de l'Orient. Lorsqu'on fréquentait les temples égyptiens, il était d'usage de porter des plumes et des fleurs de *lotos*, et autres emblèmes de la fécondité de la nature.

Chaque conquête faisait connaître, aux Romaines, avides de nouveautés, différentes manières de tresser ou de friser les cheveux. Mais rien n'apporta dans la coiffure plus de changement que la conquête des peuplades de la Belgique et des bords du Rhin. Elles apprirent à imiter les nœuds et à faire de larges tresses ; mais alors il fallut employer de faux cheveux. Il s'établit à Rome des marchands qui ne faisaient que cette espèce de commerce, condamné par Ovide [1]. La bandelette fut pendant long-temps à la mode; on adopta aussi la fameuse ganse, à laquelle on donna le nom de *tutulus*. L'aiguille qui servait à coudre les tresses fut tellement embellie qu'on finit par la mettre en évidence. La solidité que cette longue broche donnait à la coiffure fit naître l'idée de faire des épingles pour servir d'ornement, et on les nomma *lacus*. Ces épingles variaient beaucoup par leur forme [2], et on en fit aussi qui étaient creuses, et dans lesquelles on renfermait du poison. D'après les témoignages de *Dion Cassius*, c'est avec une de ces épingles que s'empoisonna la fameuse Cléopâtre. Il fut long-temps d'usage chez les Romaines de porter des rubans dans les cheveux; ces rubans tournaient plusieurs

[1] Elles n'ont pas honte d'un tel marché, et elles le concluent devant le temple d'Hercule. (ART D'AIMER.)

[2] Les Grecques connaissaient aussi toutes les épingles à coiffures, et il est à présumer que c'est d'elles que nous vient cet ornement.

fois autour de la tête, dans le genre des bandelettes grecques, dont on laissait flotter les bouts sur le cou. Lorsque *Ovide* écrivait l'*Art d'aimer*, les femmes avaient déjà tant inventé de manières de se coiffer, qu'il aurait mieux aimé, disait-il, compter les glands d'un gros chêne que de faire l'énumération de toutes ces modes éphémères. Cependant, dans le même passage, il fait la description de six coiffures différentes, dont l'une était la coiffure à la *guitare*. On aime à entendre ce connaisseur aimable donner des conseils aux femmes. Il dit à celles qui ont le visage rond de relever leurs cheveux très-haut et d'en former un nœud ou une ganse, et à celles dont le visage est long de les porter plats sur le front et de les laisser retomber en larges boucles sur les oreilles.

Les lois romaines (*Dig*. XXXII, 65, 3) nous apprennent que les coiffeuses devaient rester long-temps en apprentissage chez un maître habile. Celle qui n'y aurait resté que deux ou trois mois n'était pas considérée comme une artiste d'après le code. Les ateliers des coiffeurs de ce temps différaient beaucoup des nôtres, et je crois qu'il n'y a de nos jours que celui de feu *Michalon* qui ait pu leur être comparé. Ce n'était pas chez eux qu'on se faisait couper les cheveux, ni que l'on achetait des perruques; ils ne s'occupaient de la coiffure des femmes que dans les grandes occasions, et de l'instruction des esclaves pour les toilettes ordinaires. C'était aussi chez eux qu'on achetait les bosses et les statues en plâtre, attendu qu'il n'y avait pas d'autres figuristes; et lorsqu'un statuaire était chargé de faire un portrait, il leur abandonnait l'arrangement de la chevelure, parce qu'ils entendaient parfaitement cette partie, et savaient l'accommoder aux caractères des personnages. Ceci nous explique pourquoi et comment les anciens nous ont légué des têtes de femmes coiffées avec tant d'art et de grâce. Les femmes de l'Étrurie, dont on trouve beaucoup de portraits au cabinet des médailles et sur des vases étrusques, avaient une manière de se coiffer qui différait de la coiffure romaine et de la grecque, mais qui était au moins aussi jolie. Elles nouaient leurs cheveux un peu au-dessus de l'occipital, et y établissaient de fortes masses lisses, d'où sortaient des pointes frisées. La figure (n° 11) est coiffée dans le goût étrusque, et il suffit de voir ce modèle pour être convaincu que ce peuple, qui avait devancé les Romains en civilisation, n'était pas au-dessous d'eux pour tout ce qui peut prolonger en apparence les avantages de la jeunesse [1].

[1] Les Étrusques n'avaient pas la figure extrêmement sévère, et ils avaient les yeux très-fendus.

DE LA FORME DES TURBANS TURCS,

PERSANS, ISRAÉLITES,

ET COIFFURES CHINOISES.

3e. PARTIE.

Le turban turc se compose presque toujours d'une seule étoffe, et c'est assez souvent un cachemire. Celui des hommes est élégant, mais sévère : celui des sultanes est gracieux et orné de mille manières. Les perles, les rubis, les oiseaux de paradis et les esprits, sont les ornemens les plus en usage. Un long voile de mousseline, attaché sur la calotte, retombe sur les épaules et embellit la coiffure. Sa forme est ronde et élevée, les esprits et les oiseaux qui la dominent contribuent, par le fragment de cercle qu'ils décrivent, à donner de l'ovale à leurs figures ordinairement arrondies.

Turban persan.

Le turban des Persanes est plus sévère que celui des Turques, malgré les aigrettes qu'on y pose et les effilés qui en ornent un des côtés. Leur caractère grave naît de la dispostion des plis qui se présentent transversalement, et décrivent des lignes horizontales. (*Voyez* la lettre P.)

Turbans israélites.

Le turban des Juifs était composé d'une manière détestable : un morceau de mousseline de huit ou dix aunes de long, tourné sans goût et sans plan décidé, formait leur coiffure ; mais leurs femmes arrangaient avec plus de symétrie l'étoffe dont elles ornaient leurs têtes. Souvent elles faisaient un bourrelet qui avançait sur le devant du front, remontait par derrière jusqu'au dessus-de l'occipital, et dessinait une ligne transversale qui raccourcissait leurs visages généralement très-longs ; ensuite elles posaient une bande qui prenait d'un côté de la tête, passait deux fois par dessus, et entourait le menton. Cette bande, qui enveloppait une partie de la figure, avait pour but de consolider le turban, parce qu'il était fait sans épingles.

Les jeunes personnes s'arrangeaint plus simplement, ou pour mieux dire avec plus de légèreté.

Leurs cheveux, noués un peu bas, formaient plusieurs tresses mêlées avec l'étoffe qui garnissait leur coiffure, et dont l'ensemble a quelque rapport avec les coiffures grecques.

Coiffures chinoises.

Les dames de qualité portent leurs cheveux de devant frisés en tire bouchons extrêmement petits, et ceux de derrière retombent en longues tresses de chaque côté garnis çà et là de nœuds de larges rubans, et elles en ont sur chaque tempe une touffe formée avec de plus étroit; leur tête est couverte d'un magnifique chapeau imitant un parasol renversé et sur lequel il y a un énorme bouquet de plumes d'autruche, et une belle aigrette de héron.

Les bourgeoises ont beaucoup de grâce; leurs cheveux, relevés sur le sommet de la tête, prennent mille formes différentes; les fleurs et les épingles à boules en font l'ornement, et quelquefois même des pointes de cheveux frisés retombent du haut de la coiffure. Ceux de devant ne sont jamais bouclés, par la raison que le corsage monte jusqu'au menton, et qu'ayant ainsi le cou engoncé, des touffes qui cacheraient la moitié de la figure produiraient un effet détestable.

On pourrait attribuer la stabilité de la coiffure en racines droites, à la manière dont la nature leur a fait les yeux et les sourcils qui, s'élevant de côté, ne souffrent rien qui pende sur les joues.

EXPLICATION LINÉAIRE,

OU

DÉFINITION DES DIVERS CARACTÈRES DE COIFFURES.

DOUZIÈME LEÇON.

J'ai déjà eu occasion de parler des trois caractères différens qu'on trouve dans la coiffure; mais je me suis réservé d'en faire la définition dans une leçon entièrement consacrée à cet objet, parce qu'elle exige une étude toute particulière. Dans la musique, on définit le mode par la tierce; si elle est de deux tons, on est en majeure, et si elle n'est que d'un ton et demi on est en mineure; et, au moyen de ce principe, on peut voir au premier coup d'œil en quel mode est écrit un morceau. Pour définir les caractères dans la coiffure il m'a fallu employer un moyen tout différent; les lignes qu'elle décrit pouvaient seules me fournir des règles; quelques connaissances en géométrie me sont devenues nécessaires. La géométrie est une science qui a pour objet la mesure de *l'étendue ;* l'étendue a trois dimensions, la la longueur, la largeur et la hauteur. On appelle surface une étendue ayant longueur et largeur sans hauteur.

Dans la nature tous les objets décrivent des lignes rondes ou droites; ces lignes changent de nom selon la direction qu'elles prennent. Nous avons des *lignes droites*, *brisées*, *courbes*, *perpendiculaires*, *obliques*, *horizontales*; *angles droits*, *aigus* ou *obtus*, *etc.* On peut définir la *ligne* une continuation de points qui forment l'étendue en longueur.

Il y a deux sortes de lignes, la ligne *droite* et la ligne *courbe*.

La ligne *droite* est définie par les géomètres : *le plus court chemin d'un point à un autre*. Je la définis une ligne dont tous les points sont dans la même direction. Une ligne composée de plusieurs lignes droites est dite *brisée*.

Une ligne qui n'est ni droite ni composée de lignes droites est dite ligne *courbe*. Les points dont elle se compose changent continuellement la direction entre eux. Je ne saurais trop recommander aux élèves de bien étudier tous ces principes de géométrie, attendu qu'on ne peut bien définir aucun caractère sans en avoir une connaissance parfaite.

AB (fig. 1re.) est une ligne droite, EFGHIL est une ligne brisée, CD une ligne courbe.

Lorsque deux lignes droites se rencontrent elles forment ce qu'on appelle un *angle*.

On a défini l'*angle* la quantité plus ou moins grande dont s'écartent l'une de l'autre les deux lignes qui se rencontrent. On distingue dans un angle les côtés et le sommet.

Le point B (fig. 4), point de rencontre

des deux lignes CB, AB, est le sommet de l'angle qu'elles forment; BC, AB sont les côtés de l'angle.

On désigne un angle par trois lettres, par exemple, angle ABC, en plaçant au milieu de ces trois lettres celle du sommet. Quelquefois on nomme seulement la lettre du sommet.

Si une ligne CD (fig. 3) en rencontre une autre, AB, de manière à ce que les deux angles ADC, BDC soient parfaitement égaux, ces deux angles seront appelés angles *droits*, et la ligne CD sera appelée *perpendiculaire*, par rapport à la ligne AB. On voit que CD, par rapport à AB, ne penche pas plus d'un côté que de l'autre; la ligne ED, au contraire, penche en s'inclinant vers le point B; l'angle BDE est plus petit que BDC, angle droit. BDE est appelé angle *aigu;* l'angle ADE, plus grand que ADC, angle droit, est appelé angle *obtus;* la ligne ED, qui a formé sur AB ces deux angles aigus et obtus, est appelée *oblique* par rapport à AB.

DU CERCLE.

On appelle *cercle* l'espace terminé par une ligne courbe, ABEHFD (fig. 7.), tracée sur un plan de manière à ce que tous les points de cette courbe soient également distans d'un point C placé dans l'intérieur du cercle, et qui en est appelé le centre. Cette courbe est la *circonférence du cercle.* Souvent on l'appelle improprement cercle, pour abréger.

On appelle *rayon* toute ligne droite CA menée du centre C à la circonférence. Toute ligne droite, comme BD, passant par le centre et terminée de part et d'autre à la circonférence, se nomme diamètre. *Le diamètre* est le double du rayon.

On appelle *arc* une portion de la circonférence, telle que EHF.

TRACER UN OVALE AVEC LE COMPAS.

Sur la ligne AB (fig. 8) et d'un point C pris à volonté comme centre, on décrit avec un rayon, également pris à volonté, un cercle qui coupe AB en un point D; de ce point D, comme centre et avec un rayon égal à CD, on décrit un second cercle qui coupe le premier en deux points, HE. Du point E et par les deux centres C et D, on mène les deux diamètres EF, EL. Du point E comme centre et avec le rayon EF, on décrit l'arc de cercle FL. On mène ensuite du point H, et par les deux centres C et D, les diamètres HG, HI; et du point H, avec le rayon HI, on décrit l'arc IG qui termine l'ovale, FIGL[1].

Lorsque les élèves auront acquis les connaissances nécessaires pour bien distinguer les figures géométriques les unes des autres, ils feront aisément la différence des genres de coiffures, et ils sauront de suite à quoi en attribuer les caractères. Ces principes les mettront à même de connaître ce qui peut avoir une influence agréable. Ils pourront, avec un peu d'attention, arranger les cheveux de manière à faire ressortir la beauté des

[1] Méthode de madame de Mancy.

traits. Pour qu'ils aient une idée juste des règles que j'établis dans cette leçon, je vais donner la définition des caractères de plusieurs coiffures.

La coiffure A convient parfaitement à une figure longue, comme je l'ai déjà dit à la septième leçon, parce que les cheveux de devant décrivent un angle *droit* de chaque côté de la tête, et forment une ligne *horizontale* sur le front, tout en laissant flotter des frisures le long des joues. Le bas de la natte, qui se présente en travers sur le devant de la bosse frontale, décrit aussi une ligne propre à raccourcir. La coiffure B raccourcit une tête trop longue, quoique des masses de cheveux s'élèvent très-haut sur le sommet de la tête. Ce qui contribue à cet effet, c'est la ligne *courbe* que la torsade forme sur le front [1]. La flèche fait disparaître cette régularité, souvent

[1] Les lignes *courbes* qui se présentent dans le sens de la figure géométrique, n°. 1, servent à allonger le visage, mais étant renversées elles produisent l'effet opposé.

monotone, en décrivant une ligne *oblique.*

Girodet disait à ses élèves : « Lorsque vous voudrez faire du gracieux, ne faites que des lignes *brisées.*» La coiffure C nous offre, pour ainsi dire, une de ces lignes, car tout est contraste dans ce mélange de frisures et de nattes.

La coiffure D décrit plusieurs lignes; celle qui entoure le visage est un *demi-cercle*, chose propre à l'allonger. La masse élevée *perpendiculairement* au milieu se trouve recouverte par la grosse coque de cheveux et l'aigrette de rubans, qui toutes deux forment des lignes courbes.

Le caractère noble et majestueux de la coiffure H provient uniquement de ce que la gerbe, placée verticalement sur le milieu de la tête, se trouve dominée par des lignes courbes formées de plumes et de tresses à jour.

La coiffure J offre quatre lignes *obliques* en sens différens, et ce qui met le fini à cette charmante composition, c'est l'oiseau de paradis qui se courbe par dessus les frisures [1].

La manière dont les fleurs sont posées à travers le nœud L, décrit ce qu'on nomme en peinture une *ellipse* [2]. Je profiterai de l'occasion que j'ai de parler de cette coiffure, pour dire que toutes celles où l'on aperçoit cette figure géométrique sont du genre gracieux, et que celles qui décrivent un cercle, comme dans la *sainte Cécile* de Raphaël, appartiennent au genre simple.

Le turban persan offre trois figures différentes : l'étoffe près du front décrit un angle *obtus* ; la masse du turban, des lignes faiblement *courbées*, et l'aigrette, une *oblique*.

Les perles qui ceignent horizontalement le front de la figure grecque n° 18, les cheveux s'élevant à leurs racines et

[1] Il est de règle générale que les lignes qui se contrarient produisent un effet gracieux, et que celles qui concourent au même point de vue donnent à la coiffure un caractère sévère.

[2] Un cercle vu en perspective offre une *ellipse*.

décrivant une ligne *courbe* en forme de diadème, contribuent à donner à cette tête de l'élégance et de la sévérité.

Les élèves qui étudieront la méthode à fond, et dans toutes ses parties, pourront se dispenser de prendre des leçons particulières, à l'exception cependant des jeunes gens qui ont besoin qu'on leur montre à relever les cheveux.

Mais je ne crois pas exagérer en promettant à ceux qui saisiront bien tous les principes que je pose dans cet ouvrage, que la coiffure sera pour eux une récréation, et non un travail pénible, qu'ils deviendront en peu de temps des artistes distingués, et qu'enfin ils s'attireront la faveur et la considération publique.

COUP D'ŒIL

DANS LA BOUTIQUE D'UN BARBIER

CHEZ LES ROMAINS.

Il sera peut-être agréable au lecteur de recueillir quelques détails sur les barbiers de l'antiquité. A Rome, ils avaient trois occupations bien distinctes : la principale, et la plus difficile, était de couper les cheveux aux hommes, et ils les coupaient de cinq manières différentes. Aussi, lorsqu'on entrait dans une boutique de barbier, on était certain de s'entendre faire cette question : De quelle manière veux-tu que je te coupe les cheveux ? Les Grecs, aussi-bien que les Romains, se faisaient couper les cheveux long-temps avant de se faire raser la barbe : mode de l'Orient et d'Égypte, qui s'introduisit chez les Grecs à l'époque des conquêtes d'Alexandre.

Il y eut par conséquent des gens qui coupaient les cheveux avant qu'on ne connût les barbiers : Beckmann et Schneider ont fourni sur cela quelques remarques très-circonstanciées.

Je me bornerai à dire que les barbiers avaient autrefois une certaine importance ; c'était dans leur boutique que les hommes faisaient leur toilette du matin, parce qu'ils ne possédaient ni peigne, ni miroir. Aussi rencontrait-on toujours beaucoup de monde dans ces boutiques et surtout un grand nombre d'oisifs ; les personnes riches avaient des esclaves qui faisaient les fonctions de barbier. Les gens libres qui exerçaient cet état faisaient la barbe et coupaient les ongles des mains ; c'était au bain qu'on se faisait couper ceux des pieds.

Les barbiers avaient donc trois occupations principales.

Pour couper les cheveux ils se servaient non de ciseaux, mais de rasoirs de différentes grandeurs. Lucien, en parlant de l'apparat d'une boutique de barbier, fait mention d'une grande quantité de rasoirs. La coupe la plus élégante, dit Pollux, est celle faite avec un rasoir. Les hommes qui voulaient avoir l'air jeune se faisaient arracher les cheveux gris; les flatteurs des gens riches se chargeaient souvent de rendre ce service à leurs patrons.

Les barbiers teignaient aussi les cheveux, et mettaient leur amour-propre à le faire avec habileté; ils avaient différentes recettes pour cela (*Voyez* Sarein, t. III, page 204); ils étaient dans l'usage d'essuyer la figure aux pratiques après les avoir rasées. La serviette dont ils se servaient était faite avec du lin non roui, de sorte qu'elle était velue comme de la pluche. Un petit poëme très-plaisant, de *Phanias*, sur le barbier Eugathès, contient une énumération de tout l'attirail nécessaire pour la toilette; il y fait mention d'un morceau de feutre, reste d'un vieux chapeau qui servait à repasser les rasoirs.

FIN.

TABLE

DES MATIÈRES.

FIN DE LA TABLE.

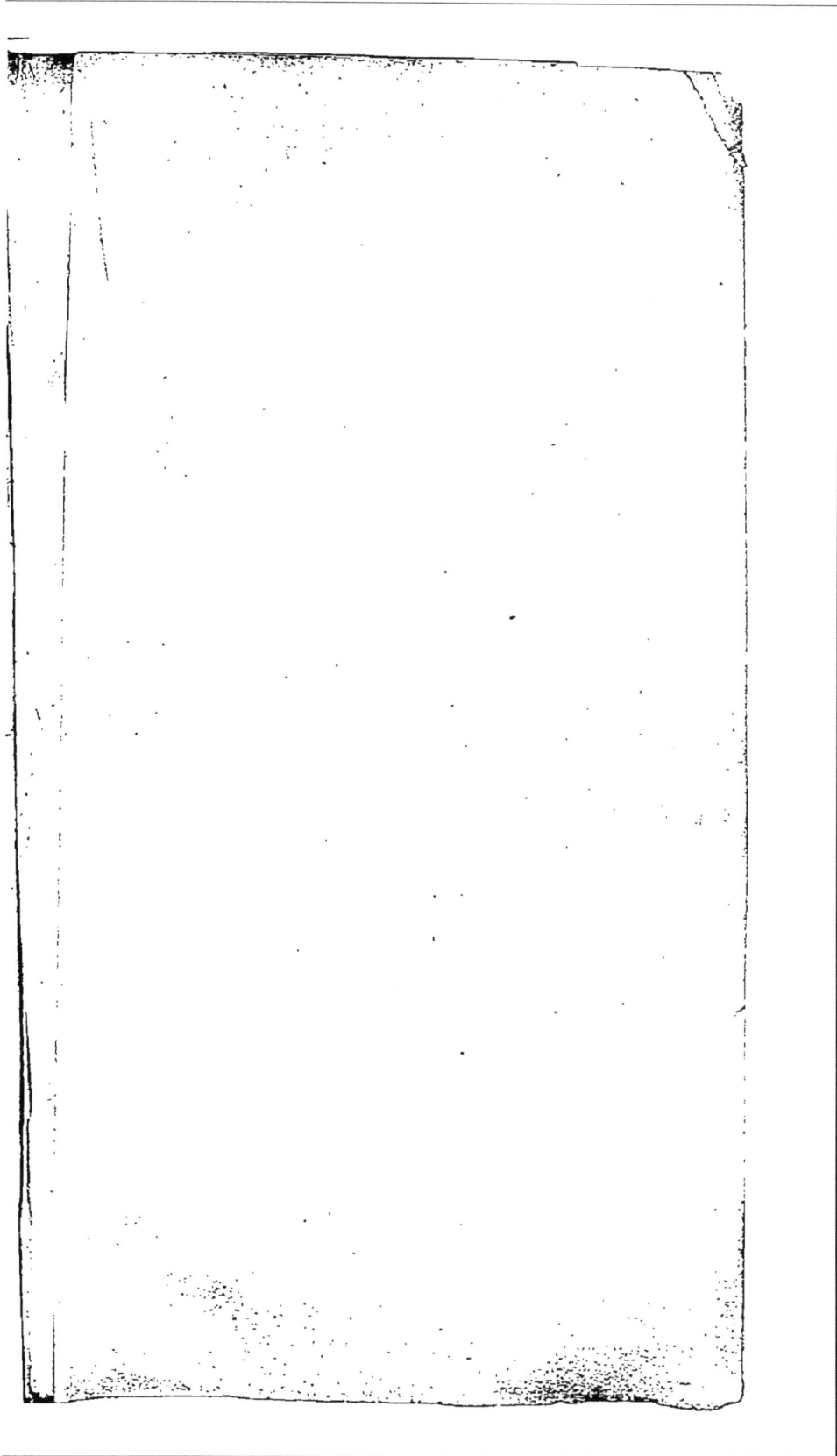

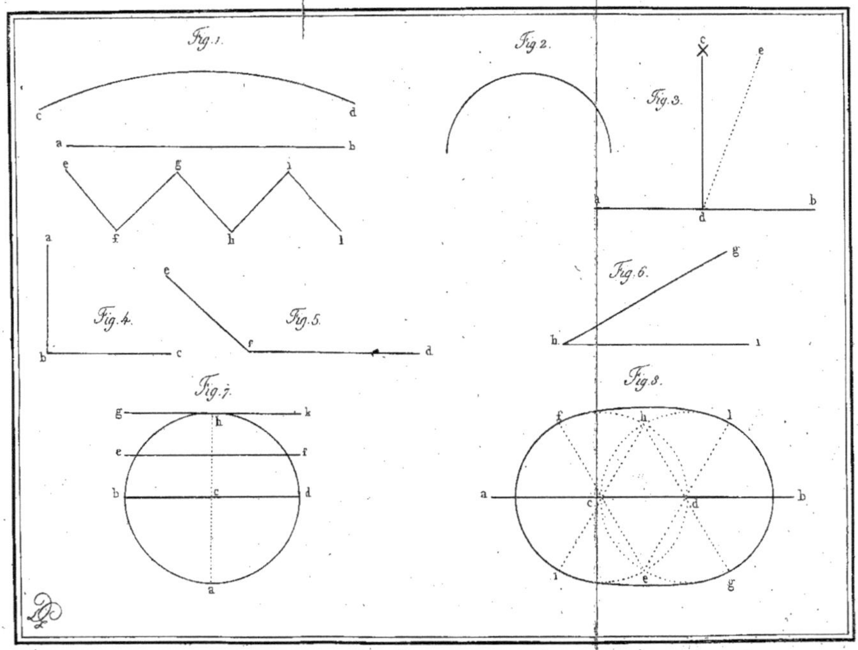
Fig. 1.
Fig. 2.
Fig. 3.
Fig. 4.
Fig. 5.
Fig. 6.
Fig. 7.
Fig. 8.

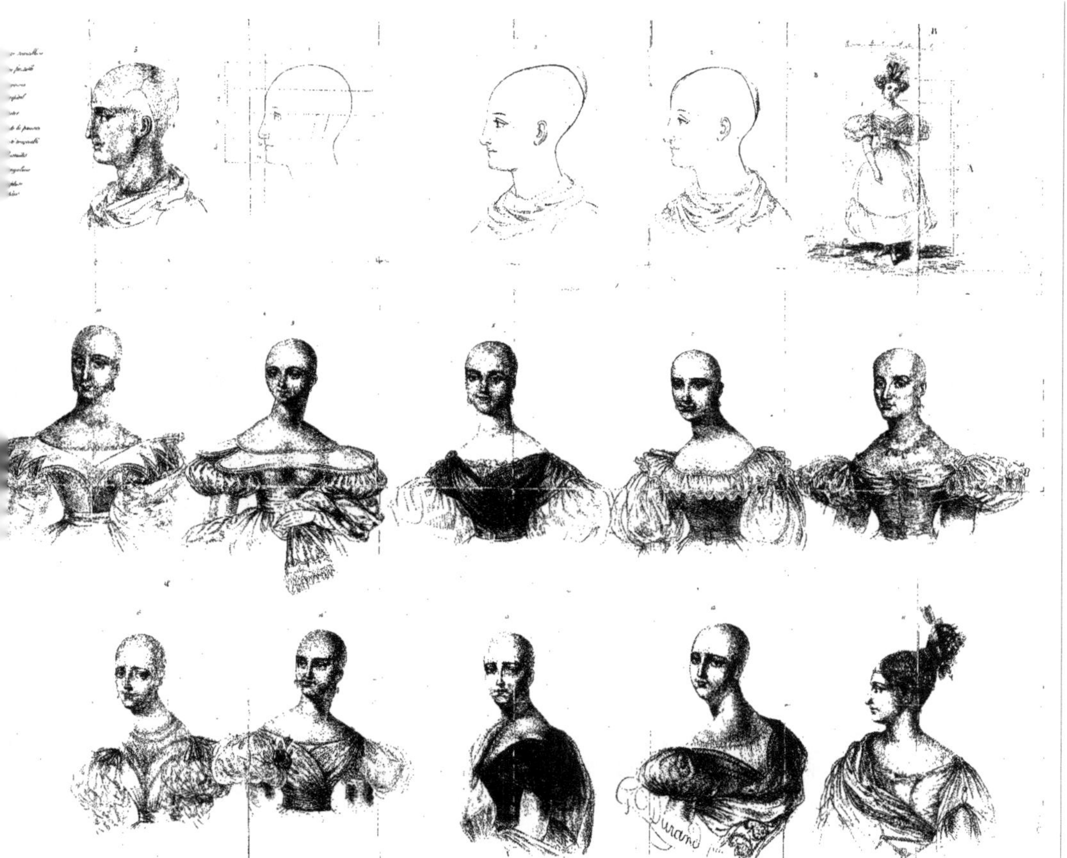

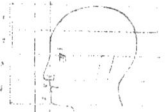

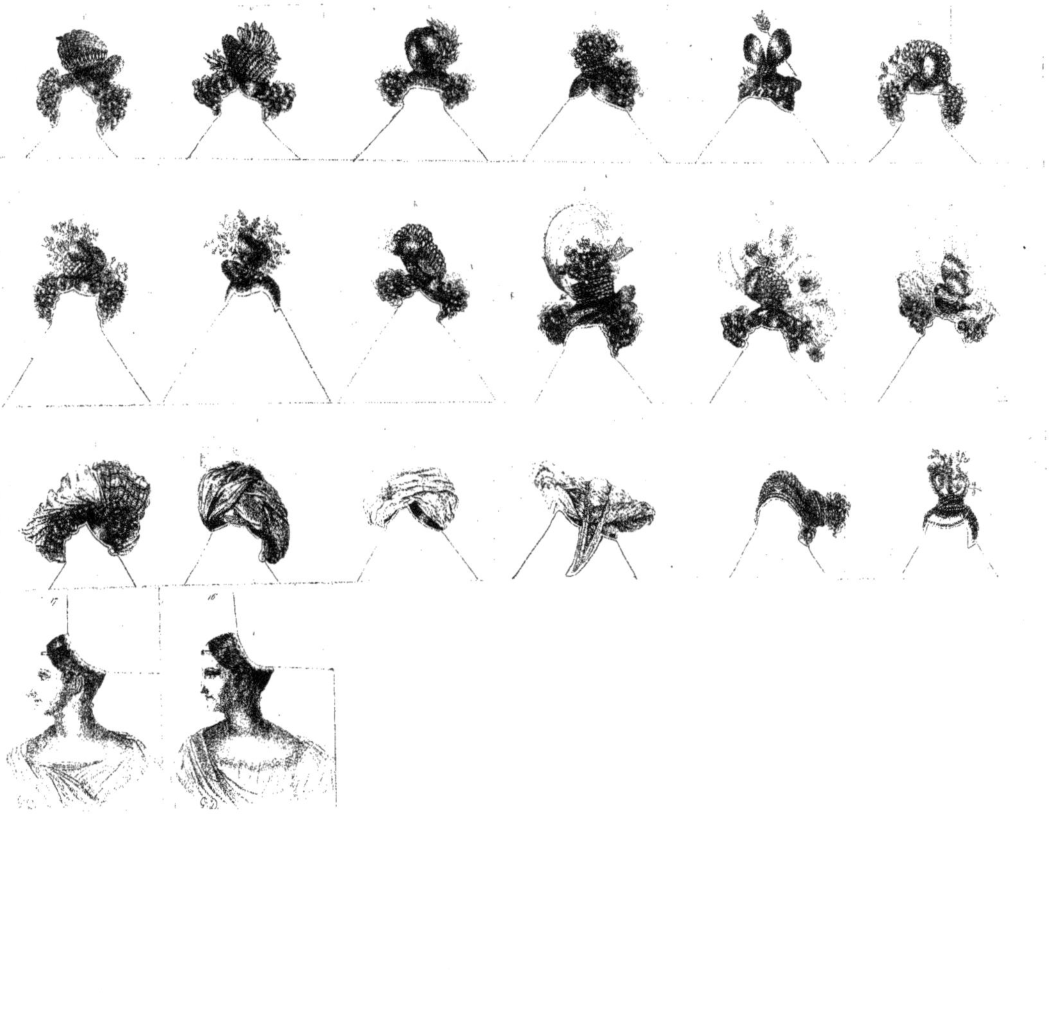

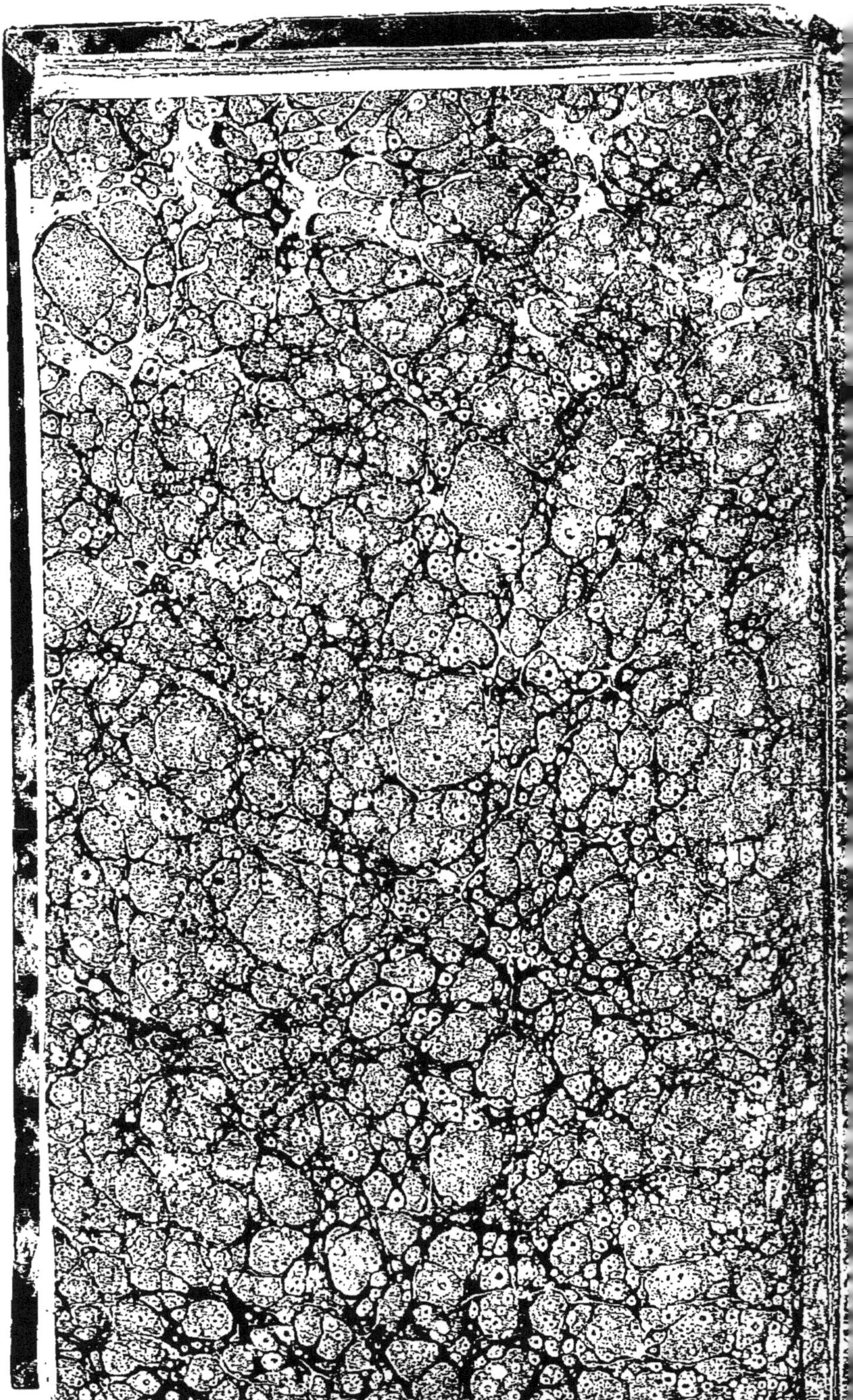

www.ingramcontent.com/pod-product-compliance
Lightning Source LLC
Chambersburg PA
CBHW071800090426
42737CB00012B/1893
9782019562359